EUROPAVERLAG

Raymond Unger

HABE ICH GENUG GETAN?

In memoriam
Gunnar Kaiser

EUROPAVERLAG

Für Gunnar

INHALT

»Es beginnt also mit dem vagen Gefühl, dass man selbst in Ordnung ist, auch wenn die Autoritäten (›die Politiker‹, ›die Wissenschaftler‹, ›die Medien‹, ›die Gesellschaft‹) einem einreden wollen, man sei so gefährlich, dass man eingesperrt gehöre.

Es beginnt mit dem oft nur halb eingestandenen Bewusstsein, dass man ein Recht darauf hat, eine eigene Sicht auf die Dinge zu haben und sein Leben auf seine Weise führen zu wollen. Was als Ahnung beginnt, wird zu dem immer tiefer verankerten Wunsch, hier herauszuwollen.«

– Gunnar Kaiser

(»Der Kult«, Rubikon 2022)

VORWORT

Das »Hier«, aus dem Gunnar Kaiser so dringend herauswollte, gleicht einem »Strafplanet, wo die Strafe darin besteht, dass man uns täglich verspottet«.[1] Nach Jahren unermüdlichen Freiheitskampfes wähnte sich der Philosoph an einem dunklen Ort, der empathische Gemüter krank macht und Narzissten gedeihen lässt. Er fand sich in einer Gesellschaft wieder, die ihre Freigeister verhöhnt, die Wahrheit Lüge nennt und die Unterwerfung zur neuen Freiheit erklärt. Angesichts der Verkehrung aller Werte in ihr Gegenteil – ohne nennenswerten Widerspruch durch die Freiheitsorgane der ehemals offenen Gesellschaft – fürchtete der Aufklärer um seine geistige Gesundheit. »Ich komme physisch an meine Grenzen, ich komme psychisch an meine Grenzen und ich kann so nicht weitermachen«,[2] stellt der reichweitenstarke Videoblogger im November 2021 fest. Verrückt ist Gunnar Kaiser nicht geworden. Aber das »Hier«, diese Welt, hat ihn nicht mehr. Mit nur 47 Jahren ist der Bestsellerautor am 12. Oktober 2023 gestorben. Seine Krankheit war lang und schwer, und ich kenne keinen

Menschen, der sich angesichts des eigenen Todes öffentlich so ehrlich gemacht hat.

Dies ist die Geschichte eines Ausnahmetalentes, einer Freundschaft und einer Gesellschaft am Kipppunkt zum Totalitarismus. Die Beschäftigung mit dem »Held der Gegenwelt«[3] ist in dreifacher Hinsicht lohnenswert – auch für Menschen, die den Namen Gunnar Kaiser das erste Mal hören: Zum einen bildet sich an seiner Figur die Polarisierung der Gesellschaft geradezu mustergültig ab. Für die einen war er ein »Philosoph auf Abwegen«[4], Rechtspopulist und Verschwörungstheoretiker. Für die anderen ein großer Denker, Aufklärer und Freiheitskämpfer. Ein weiterer Grund liegt in der von Kaiser aufgeworfenen Frage, ob und inwieweit ein freiheitsliebendes Individuum in einer zunehmend totalitär werdenden Gesellschaft gesund bleiben kann. Sowie drittens seine Überlegung, was im Leben wirklich zählt angesichts eines gewissen und stets nahen Todes. Nach meiner Einschätzung gibt es kaum einen prominenten Zeitgenossen, an dem sich eine Kernfrage der Philosophie deutlicher kristallisiert: Bewahrung der persönlichen Integrität im Zuge der Massenbildung[5] – im Gewahrwerden der eigenen Endlichkeit. Mit allem, was er tat, sagte und schrieb, formulierte Gunnar Kaiser einen großen Charaktertest, den er am Ende mit Bravour bestand.

Dieses Büchlein ist zudem bescheidener Ersatz für ein letztes Buchprojekt, das mein bereits erkrankter Freund Gunnar Kaiser und ich noch gemeinsam schreiben wollten. Das Werk hätte auf der Neukonzeption seines Buchprojektes *Die Abschaffung des Menschen* beruht und trug den neuen Untertitel *Philosophieren heißt sterben lernen*. Ich hatte das Konzept für das Buch geschrieben und der Europa Verlag und Gunnar hatten das Okay gegeben – schlussendlich jedoch war die Krankheit schneller. Das Buch hätte auf Gunnars letztem Teilmanuskript und zusätzlich auf Mitschnitten von Gesprächen basieren sollen, die Gunnar und ich noch führen wollten. Wir hatten uns bewusst dazu entschieden, keine Videos mehr zu drehen, sondern nur noch Tonaufnahmen zu machen und diese aus dem Leistungsfeld seines YouTube-Kanals herauszuhalten. Unter seiner Ägide wäre dabei sicherlich ein philosophischeres Werk entstanden als das vorliegende. Auf mich gestellt, maße ich mir keineswegs an, in die Fußstapfen seiner vorangegangenen *Spiegel*-Bestseller *Der Kult* und *Die Ethik des Impfens* zu treten. Dieses Büchlein soll auch weniger als philosophische Abhandlung verstanden werden denn als Zeitdokument. Ich möchte den Aufstieg Gunnar Kaisers zu einem der reichweitenstärksten Videoblogger Deutschlands nachzeichnen und daran erinnern, dass dieser Aufstieg zugleich der gesellschaftliche Abstieg in ein »neues Normal« war, das viele Mitbürger noch immer nicht wahrhaben wollen. Unter den Angstnarrativen der Neuzeit, verbrämt im wissenschaftlichen Gewand, hat die Mehrheit der Bürger dem massiven Abbau ihrer verbrieften Grundrechte zugestimmt. Der Aufstieg Kaisers ging einher mit dem Abstieg der Freiheit, das eine hat das andere bedingt – doch gerade das macht Hoffnung. Die Popularität des YouTube-Kanals *Kaiser TV* und vieler weiterer Portale der freien Medien ist der Beleg dafür, dass sich die Sehnsucht der Menschen nach der Wahrheit auch mit totalitären Methoden nicht einhegen lässt.

In den Kapiteln dieses Buches werden sich Skizzen über die politischen Hintergründe des Freiheitsverlustes sowie persönliche Erlebnisse und Ansichten Gunnar Kaisers abwechseln. Meine Beschreibungen werden dabei selektiv und subjektiv bleiben müssen. Angesichts der umfangreichen Arbeit Gunnar Kaisers als Lehrer, Publizist, Philosoph, Moderator, Journalist und Videoblogger ist es unmöglich, dem facettenreichen Freidenker in einem kurzen Büchlein gerecht werden zu können. Ich habe mich auf Geschehnisse konzentriert, die mir in den Jahren unserer Freundschaft wichtig erschienen sind, und dabei den Fokus auf Kaisers letzte Lebensphase gelegt – ein anderer Autor hätte selbstredend andere Schwerpunkte setzen können.

KAISER TV

Im Sommer 2023 sitzt einer der reichweitenstärksten Aufklärer der freien Medien Deutschlands mit Basecap und Sonnenbrille in Bishop, Kalifornien, und befragt sich selbst: »Wonach suchst du überhaupt?« Die letzten Video-Blogs von Gunnar Kaiser sind zunehmend selbstreferenziell. Von schwerer Krankheit gezeichnet, sucht der Publizist auf seiner letzten Reise nach einem Argument für sein Weiterleben – oder ist es die Erlaubnis zu sterben?

»Guten Morgen aus Bishop, California, ja, wonach suche ich denn überhaupt? Ich bin jetzt eine Woche ungefähr hier in den Staaten und so langsam geht es los, glaube ich, innerlich. Bei mir, das Ankommen beim Abreisen, beim nicht Ankommen. Zu merken – es gibt keinen Ort bisher, der dich festhält. Es gibt keine Menschen bisher, die dich festhalten. Und trotzdem bist du auf der Suche oder deswegen bist du auf der Suche – aber wonach? Nach dem einen Ort, nach dem einen Menschen, der dir zeigt, wie man richtig zu leben hat. Ja, darum geht's. Darum geht's

beim ganzen Reisen. Bei meinen Reisen zumindest. Dieser eine Schlüssel, der irgendwo in den See gefallen ist. Der vielleicht von einem Fisch verschluckt wurde, von einem riesigen Seebarsch. Und den zu fangen, ja, darum geht's jetzt – der Schlüssel zum richtigen Leben, zum gelingenden Leben.«[6]

Gunnar Kaiser konnte seinen Schlüsselbarsch nicht fangen. Weder in den USA noch in der Schweiz, die er so sehr liebte, und auch nicht in Thailand, wo er Hilfe bei einem Geistheiler suchte. Berühmt wurde der Videoblogger mit dem genauen Gegenteil derartiger Selbstbezogenheit. In Dutzenden Gesprächen nahm sich der umfassend gebildete Philosoph zugunsten seiner Gäste zurück, auf diese Weise konnten seine Interviewpartner ihr Potenzial entfalten. Die Melange aus intensiver Gesprächsvorbereitung, behutsamen Zwischenfragen, empathischer Gesprächsführung und hervorragender Sprechstimme führten zu einem neuen Qualitätssiegel in den freien Medien. *Kaiser TV* generierte mit zuletzt über 250 000 Followern auf YouTube eine Reichweite, von der selbst einige der etablierten Medien nur träumen können. Damit nicht genug: Kaisers Debütroman *Unter der Haut* (Piper) avancierte zum Bestseller und wurde in sechs Sprachen übersetzt. Seine Corona-Politik-kritischen Werke *Der Kult* (Rubikon) sowie *Die Ethik des Impfens* (Europa Verlag) katapultieren den Autor wenige Wochen nach Erscheinen auf die *Spiegel*-Bestsellerlisten. Angesichts derartiger Erfolge gibt »Studienrat Kaiser« die Sicherheit seiner Verbeamtung auf, um sich fortan ganz auf seine publizistisch-journalistische Tätigkeit zu konzentrieren. Auf der Höhe seines Erfolges hat der Videoblogger ein professionelles Orga- und Kamerateam, Spenden-, Werbe- und Merchandising-Einnahmen erlauben eine hohe technische Professionalisierung. Gedreht wird in 4K-Auflösung, Drohnen ermöglichen beeindruckende Luftaufnahmen, und selbst der Ton hat Kinoqualität – für die freie Vlogger-Szene wahrlich keine Selbstverständlichkeiten. Kaiser entpuppt sich als mediales Ausnahmetalent. Der Publizist spricht druckreifes Deutsch in komplexen und dennoch gut verständlichen Sätzen, referiert frei und spontan über philosophische und politische Themen und hätte allein mit seiner ruhigen und sonoren Stimme spielend Karriere als professioneller Sprecher machen können. Im gesellschaftlichen Klima der 1990er- und 2000er-Jahre wäre einem derartigen Talent ein Platz in der ersten Reihe der etablierten TV-Sender sicher gewesen. Intellektuelle Moderatoren vom Schlage eines Roger Willemsen oder Richard David Precht hätten sich warm anziehen müssen, sofern sich Kaiser an einem gewissen Punkt seiner Karriere nicht selbst die Gewissensfrage vorgelegt hätte. In seinem Buch *Der Kult* gesteht der Autor, dass er jahrelang nichts mehr ersehnte, als reich und berühmt zu werden. Doch die Coronakrise legt ihm, wie so vielen Freigeistern, einen finalen Charaktertest vor. Zugunsten von Wahrheit und Aufklärung entscheidet sich Kaiser gegen eine Mainstreamkarriere und wird über Nacht zur Persona non grata.

Im November 2022 werden am Genfer See die letzten professionellen Hochganzvideos mit Gunnar Kaiser entstehen – einmal mehr bin ich mit von der Partie. Inzwischen kenne ich Gunnar Kaiser seit vielen Jahren, nach mehreren Interviews ist eine Freundschaft entstanden. Zwischen 2018 und 2023 haben wir fünf gemeinsame Videoproduktionen gehabt, darin stellte *Kaiser TV* allein vier meiner Buch-Neuerscheinungen vor. Nie werde ich die Anfänge unserer Karrieren vergessen, als Gunnar bei mir um ein Interview anfragte. Weder er noch ich waren damals besonders bekannt. Unser erstes Treffen fand in meinem kleinen Maleratelier in Berlin-Tempelhof statt. Damals war gerade mein drittes Buch mit dem Titel *Die Wiedergutmacher* erschienen, das sich kritisch mit Merkels sogenannter Willkommenskultur auseinandersetzte. Meine Positionen, damals noch Aufreger, werden heute leicht vom Kanzler und Vizekanzler in den Schatten gestellt:

> *»Eine Begrenzung der Zuwanderung ›macht uns nicht zu Unmenschen‹, sagt Kanzler Scholz dem ›Spiegel‹ und fordert Abschiebungen ›im großen Stil‹. Unbegrenzte Zuwanderung gefährde den Sozialstaat.«*[7]
> *»Sie [die hier lebenden Muslime] müssen sich klipp und klar von Antisemitismus distanzieren, um nicht ihren eigenen Anspruch auf Toleranz zu unterlaufen. Für religiöse Intoleranz ist in Deutschland kein Platz. Wer hier lebt, lebt hier nach den Regeln dieses Landes. Und wer hierherkommt, muss wissen, dass das so ist und so auch durchgesetzt werden wird.«*[8]

Populismus im Zuge des Hamas-Terrors macht's möglich: Dass ich für meine damals wesentlich moderateren Formulierungen als »AfD-nah« geframt wurde – mich heute aber ein linksgrünes Duo aus Kanzler und Vizekanzler auf der rechten Spur überholen, entbehrt nicht einer gewissen Komik. Damals jedenfalls beteiligte sich Gunnar an den reflexartigen Zuschreibungen gegen mich nicht, vielmehr hatte er ein untrügliches Näschen für kritische Autoren abseits des Mainstreams. *Die Wiedergutmacher* schien interessant für seinen YouTube-Kanal *Kaiser TV* zu sein, der anfänglich noch im unteren Drittel der etablierten Kanäle rangierte. Unser erstes Interview wurde mit einem Handy und einer uralten Videokamera aufgezeichnet, die sich allerdings vorschnell verabschiedete. Für das Licht sorgten zwei billige Baustrahler aus meinem Atelier, um einen vernünftigen Weißabgleich kümmerte sich niemand. In Ermangelung einer Kontrolle durch einen Kameramann war der Kopf von Gunnar halb abgeschnitten. Darüber hinaus war der Video-Ton dumpf und schwach, da er lediglich über das Handymikrofon mitgeschnitten wurde. Das inhaltlich interessante, doch technisch laienhafte Interview brauchte ein volles Jahr Onlinezeit, bis es 5000 Menschen gesehen hatten – eine Zuschauerzahl, die *Kaiser TV* wenige Jahre später innerhalb einer einzigen Stunde erreichen sollte. Das Interview »Die Wiedergutmacher – Raymond Unger im Gespräch« war dennoch der Beginn einer Verbindung, die sich in den kommenden Jahren festigen sollte. Unabhängig voneinander und doch irgendwie auch in gegenseitiger Wechselwirkung konnten wir mit unserer Arbeit wachsen, denn lange vor Corona hinterfragten wir sehr ähnliche Themen. Möglicherweise hatten wir auch nur denselben Riecher für eine unangenehme Form von populistischer Hypermoral, die letzten Endes nur der narzisstischen Selbstinszenierung dient. Anfangs habe ich eine ganze Weile gebraucht, um zu verstehen, wo Gunnar politisch eigentlich stand. Ganz sicher war er nicht links, doch ebenso war er kein klassisch Konservativer. Gunnar war vielmehr ein liberaler Schöngeist par excellence, auf den vermutlich die berühmte Aussage gepasst hätte, die Thomas Mann zugeschrieben wird: »Ich bin ein Mensch des Gleichgewichts. Wenn das Boot nach links zu kentern droht, lehne ich mich automatisch nach rechts. Und umgekehrt.«

Und weil er es für richtig hielt und weil es tatsächlich auch richtig ist, sprach Gunnar Kaiser mit linken Influencern wie Moritz Neumeier ebenso wie mit dem als rechtsextrem geltenden Sprecher der Identitären Bewegung, Martin Sellner. Ein Umstand, der ihm später noch zum Verhängnis werden sollte:

> *»Die Naumann-Stiftung wirft Herrn Kaiser rechtspopulistisches und verschwörungstheoretisches Gedankengut vor, nachdem dieser eine Veranstaltung Ihres Hauses zum Thema Cancel-Kultur moderiert hat. Künftig wollen Sie ihn nicht mehr als Moderator beschäftigen.«*[9]

Berührungsängste zu weiteren umstrittenen Freigeistern wie dem Journalisten Anselm Lenz oder dem unangefochtenen Star der freien Medien, Ken Jebsen,[10] hatte Gunnar

Kaiser selbst nach derartigen Anwürfen nicht. Ob mit Rechts- oder Linksspin, irgendwann gab sich das Who is who der alternativen Medienszene bei *Kaiser TV* die Klinke in die Hand. Gunnar interviewte sie alle: Henryk M. Broder, Ulrike Guérot, David Engels, Jeannette Fischer, DDr. Raphael M. Bonelli, Matthias Burchardt, Nikolai Binner, Jens Fischer Rodrian, Jochen Kirchhoff, Paul Brandenburg, Jens Lehrich, Naomi Wolf, Milosz Matuschek, Sven Böttcher, Dr. Hans-Joachim Maaz, Ernst Wolff, CJ Hopkins, Axel Voss, Boris Reitschuster, Max Otte, Daniele Ganser, Norbert Bolz, Gerald Hüther, Clemens G. Arvay, Gwendolin Walter-Kirchhoff, Jürgen Todenhöfer, Dr. Wolfgang Wodarg, Alexander Grau, Thorsten Polleit und viele, viele weitere.

Doch abgesehen von den persönlich geführten Interviews betrieb Gunnar, im Herzen immer Lehrer, einen philosophisch weltanschaulichen Videoblog. Hier besprach er historische und zeitgenössische Denker wie Gustave Le Bon, Hermann Hesse, Hannah Arendt, Erich Fromm, Albert Camus, Friedrich Nietzsche, C. G. Jung, Jordan B. Peterson, Siegmund Freud, Samuel P. Huntington, Karl Marx, Friedrich Engels, Wolfram von Eschenbach, Virginia Woolf, Karl Raimund Popper, Alfred Adler, Yuval Noah Harari, Johann Wolfgang von Goethe, Marc Aurel, Slavoj Žižek, George Orwell, Roland Baader und viele mehr.

FREIHEITSVERLUST

Irgendwann in den letzten fünfzehn Jahren ist uns die liberale Gesellschaft nebst leidlich funktionierender Demokratie abhandengekommen. Eine unheilige Allianz aus Ideologen und Lobbyisten benutzt moralisierte Angstnarrative, um einen schleichenden Machtumbau vorzunehmen. Vielen Menschen, die im verschärften Alltagskampf um ihre Existenz stehen, ist die Komplexität und Wucht der Attacke auf die Freiheit noch immer nicht bewusst. Man kann die Figur Gunnar Kaiser in seiner Rolle als Aufklärer und Freiheitskämpfer jedoch nicht darstellen, ohne wenigstens die Basics des neuen Freiheitsverlustes zu skizzieren. Die Coronakrise war lediglich die vorläufige Spitze einer Entwicklung, deren Ende noch nicht abzusehen ist. Glücklicherweise ist die Matrix hinter dem Geschehen ebenso bedrohlich wie entlarvend – eben darin liegt die große Chance, die komplette Agenda zu demaskieren. Möglicherweise wird es selbst bei einem Buch über Gunnar Kaiser Leser geben, denen die Machenschaften hinter dem Pandemiegeschehen noch vollkommen unbekannt sind. Diesbezüglich könnten folgende Fragen zu einem Selbststudium der Materie anregen:

- Warum gab es wenige Wochen vor Ausbruch der Pandemie das Krisenplanspiel »Event 201« des *Johns Hopkins Center for Health Security* in Partnerschaft mit dem *World Economic Forum* und der *Bill & Melinda Gates Foundation*, das das nachfolgende Realereignis vorab quasi 1:1 durchspielte?
- Warum brach die Pandemie in der Nähe des chinesischen Bioforschungslabors in Wuhan aus, in dem mit amerikanischem Geld gefährliche Coronavirus-Experimente, die sogenannte Gain-of-Function-Forschung vorgenommen wurden?[11]
- Warum entdeckten Forscher in SARS-CoV-2 eine sogenannte Furin-Spaltstelle, die in der Natur nicht vorkommt und die es dem Virus ermöglicht, weitaus gefährlicher für den Menschen zu werden?[12]
- Warum beantragte die Firma *BioNTech* bereits im September 2019 die Zulassung für spezifische Bestandteile des späteren Impfstoffs gegen ein Virus, das erst drei Monate später in China entdeckt wird?[13]
- Warum änderte die WHO ihre Statuten zur Definition einer Pandemie vom Zählen real Erkrankter und Toter zugunsten des Erfassens von »Infizierten«, die mit einem PCR-Test ermittelt wurden?[14]
- Warum wurde der PCR-Test anfangs mit einem Amplifikationszyklus zwischen 35 und 45 durchgeführt und zum »Goldstandard« erhoben, von dem Experten heute sagen, dass dies eine klinisch untaugliche Testmethode

ist, weil dabei sehr viele falsch-positive Ergebnisse herauskommen?[15]

- Warum galt vor der Massenimpfung der niedrige »Inzidenzwert« von 100 als gefährlicher Alarmwert (100 Menschen mit positivem PCR-Test auf 100 000 Mitbürger), bei dem Angela Merkel die »Bundesnotbremse« harter Lockdowns verhängte – ohne die Anzahl der Testmenge im jeweiligen Landkreis zu berücksichtigen?
- Warum gab es nach dem millionenfachen Verkauf der Impfdosen an die EU, nebst Durchimpfung der Bevölkerung, plötzlich Inzidenzwerte von 1500 und mehr – die dann aber nicht mehr zu Lockdowns führten?
- Warum gab es eine scharf exekutierte Maskenpflicht, von der Anfangs viele namhafte Experten sagten, dies sei überhaupt keine sinnvolle Maßnahme?
- Warum gab es in Schweden, das keine Lockdowns hatte, keine höhere Sterblichkeit als in den übrigen europäischen Ländern, in denen Lockdowns angeblich hohe Todesraten verhindert hatten?
- Warum galt der Grundsatz »an und mit Corona verstorben«, mit dem jeder Tote mit positivem PCR-Test automatisch in die Statistik als »Coronatoter« einging – auch wenn die Todesursache eine vollkommen andere war?
- Warum bestand der Löwenanteil der Coronakranken auf den Intensivstationen nach der Durchimpfung der Bevölkerung nur noch aus Geimpften?
- Warum sollte die Impfung, die anfangs als 98-prozentig wirksam und sicher galt, in immer kürzeren Abständen wiederholt werden?

- Warum herrscht in westlichen Ländern mit intensiver Impf- und Booster-Quote eine signifikante Erhöhung der Übersterblichkeit – in anderen Ländern jedoch nicht?[16]

Diese und viele weitere Fragen sind nicht wirklich offen, sie sind beantwortet. Wer wissen will, was sich abgespielt hat, wird kaum an einem Mangel an Fakten scheitern, Hilfe bietet die Literaturliste im Anhang. Die entscheidende Frage ist vielmehr: Wie viel Wahrheit kann man verkraften? Denn – bei der Klärung obiger Ungereimtheiten besteht die Gefahr einer Erosion von Wirklichkeit, die die persönliche Integrität in einer Form bedroht, die jedes im Glauben an die Zuverlässigkeit demokratischer Prozesse aufgewachsene Individuum erst einmal zutiefst schockieren muss. Sofern die mit dem politischen Kampfbegriff »Verschwörungstheoretiker« diffamierten Freidenker mit ihrer Theorie einer globalen, oligarchischen Konspiration richtigliegen, hätten folgende Parameter gegeben sein müssen:
- Mehr oder weniger zusammengekaufte Wissenschaftler, Universitäten und Institute, die der Agenda gemäße Ergebnisse liefern.
- Ein mehr oder weniger zusammengekauftes Medienkartell, das in der Lage ist, eine vereinheitlichte Meinung zu propagieren, und das zugleich über das Instrument der »Faktenchecker« verfügt, um für eine entsprechende Zensur zu sorgen.
- Mehr oder weniger von langer Hand geschulte und ideologisch überzeugte oder korrupte oder erpressbare

Politiker und Staatssekretäre, die die gewünschte Agenda mittragen.
- Mehr oder weniger von Oligarchen finanziell abhängige supranationale Organisationen, die über »Notverordnungen« die gewünschten politischen Maßnahmen auf den Weg bringen.

Kurzum – eine Welt, in der all dies *tatsächlich* passiert, erscheint vielen Menschen als zu böse, um wahr zu sein. Eben darum entscheidet sich die überwiegende Mehrheit weiterhin für einen guten Schlaf und will von den verstörenden Fakten nichts wissen. Wer jedoch, wie die empfohlenen Autoren im Anhang, den Mut zur Recherche aufbringt, wird unweigerlich auf Tatsachen stoßen, die bestätigen, dass all diese Parameter tatsächlich gegeben waren und immer noch gegeben sind. Das wirklich Kuriose an der Konspiration des Netzwerks um das *World Economic Forum*, der *Bill & Melinda Gates Foundation*, der *Rockefeller Foundation*, der Investmentgesellschaft *BlackRock Inc.* sowie der großen IT-Unternehmen *GAFAM*[17] ist ja gerade, dass es keine Konspiration ist. Austausch und Absprachen zur Neuordnung der Welt finden öffentlich statt, werden in gemeinsamen Agenden, Studien und Planspielen publiziert und sind für jedermann zugänglich. Doch gerade die Mischung aus Utopie, Gigantismus und Öffentlichkeit ist der größte Schutz für die freiheitsbedrohende Agenda. Wer die WEF-Initiative »Great Reset« nur aus dem Augenwinkel wahrnimmt, hält das Vorhaben für eine absurde Fantasterei.

Der über die WHO ausgerufene Notstand nebst Empfehlung einer weltweiten Massenimpfung mit mRNA-Impfstoffen gehörte zum bislang größten Angriff auf die freie Gesellschaft. Das Narrativ eines besonders tödlichen »Killervirus«, Angstkampagnen mit dramatischen TV-Bildern und ungeeignete PCR-Tests zur Feststellung von »Infizierten« hatten zu einer globalen Massenhysterie geführt. Die Coronakrise zeigte erstmalig in der Geschichte dieses Planeten, wie eine kleine Gruppe Oligarchen freie Wissenschaften und freie Medien für wirtschaftliche Interessen kaperten und damit eine unhinterfragbare »Realität« schufen. Philanthropisch getarnte NGO-Organisationen, Sponsoring wissenschaftlicher Studien und Universitäten, großzügige Millionenspenden an einflussreiche Medien und Influencer trieben das gewünschte Narrativ voran. Zugleich wurden abweichende Meinungen als »gefährliche Fake News« gebrandmarkt und rigoros zensiert. Doch erst die Privatfinanzierung supranationaler Organisationen, wie die WHO, erlaubte es den Strategen der großen Vermögensverwalter, tief in deren Regularien einzugreifen. Auf diese Weise ließ sich das globale Terrain für die eigene Agenda bereiten, die »Empfehlungen« der WHO spielten danach direkt in die Karten der Industrie. Die über Ursula von der Leyen verhandelten Ankäufe neuartiger mRNA-Impfdosen waren überteuert, wirkungslos und zigfach überkauft – jeder EU-Bürger hätte zehn Mal geimpft werden können. Bis heute weiß niemand, was mit den Milliarden überschüssigen und nutzlosen Impfdosen geschehen soll. Ursula von der Leyens Ankäufe fanden per SMS und unter Ausschluss jedweder Öffentlichkeit statt. Die demokratisch gewählten EU-Parlamentarier waren aufgrund der angeblichen »Notlage« nicht Teil des Entscheidungsprozesses. Der enge Schulterschluss aus Industrie und einer kleinen Gruppe willfähriger Politiker bescherte der von Bill Gates initiierten Impfallianz »GAVI« schließlich Milliardengewinne.

> *»Das eigentliche Verfahren ist inzwischen eingespielt: PR-Experten von NGO-Organisationen platzieren ihre Aussagen über ›neutrale Wissenschaftler‹, die von ›altruistischen Stiftungen‹ superreicher Oligarchen finanziert werden. Zuvor haben sich die Milliardäre optimale Marktwünsche in die Regularien supranationaler Organisationen schreiben lassen, die Macht dazu hatten sie, denn auch diese werden von ihnen gesponsert. Als Begründungen dienen die üblichen, moralisch beschworenen Gefahren: Klimakollaps, Viruspandemien, Hungerkatastrophen … Schlussendlich können nationale Staaten ›im Krisenfall‹ unter Umgehung demokratischer Willensbildung über die supranationalen Organisationen gezwungen werden Exklusivverträge mit eben jenen Industriezweigen abzuschließen, an denen der Philanthrop ›zufälligerweise‹ ebenfalls beteiligt ist. Nach diesem Prinzip wandern Milliarden Steuergelder vom Konto der Bürger auf die Konten der Superreichen. Da die Probleme aber angeblich so ›global und dringlich‹ sind, werden Parlamente und Bürger gar nicht erst gefragt.«*[18]

Das inzwischen sprichwörtliche »Window of Opportunity«[19] gibt es seit Corona tatsächlich. Unmittelbar nach der

Krise tauchten politische Grundsatzpapiere auf, die erklärten, Corona sei lediglich ein Weckruf gewesen, der möglichst schnell zu einer globalen Zentrierung und Koordinierung von Macht führen müsse. Nur so könne man zukünftig schneller und effektiver auch auf andere Gefahren reagieren. Um eine globale Machtkonzentration durchzusetzen und tief in nationale Politiken einzugreifen, sind die beiden Krisennarrative *Virusbedrohung* und *Klimawandel* elementar. Am Beispiel der Denkfabrik und Lobby-Organisation *Agora Energiewende* wird das Prinzip deutlich:

> *»Wenn Sie die Finanzierung der Agora anschauen, geraten Sie wieder auf genau diese Summe oder auf diese Akteure, die bei der WHO ebenfalls aktiv sind. Das sind gigantische Milliarden-Sammlungsstätten – wir reden von Stiftungen mit einem Stiftungskapital von 60 bis 70 Milliarden US-Dollar und entsprechenden Erlösen – dazu Unternehmen, die diese Agora finanzieren und dann mit Personal ausstatten, das mittlerweile längst in die Regierungsverantwortung übergegangen ist. […] Ich lese mal vor, welche Mitglieder bei Agora-Energie Staatsämter ausüben:*
>
> - *Stefan Tidow, Staatssekretär im Bundesministerium für Umwelt und Naturschutz*
> - *Sven Giegold, Staatssekretär im Bundesministerium für Wirtschaft und Klimaschutz*
> - *Johann Saathoff, parlamentarischer Staatssekretär Bundesministerium des Innern*

- *Michael Theurer, FDP, parlamentarischer Staatssekretär beim Bundesminister für Digitales und Verkehr*
- *Christiane Rohleder, grüne Staatssekretärin Bundesministerium für Umwelt*
- *Susanne Henckel, parteilos, Staatssekretärin im Bundesministerium für Digitales und Verkehr*
- *Patrick Graichen*[20] *war dabei, der Drahtzieher, und*
- *Jochen Flasbarth, Staatssekretär im Bundesministerium für wirtschaftliche Zusammenarbeit und Entwicklung, früher Leiter des Umweltbundesamtes.*

Immer wieder finden Sie das Geld der Superreichen über Stiftungen, das in die Agora eingebracht wird, die Agora aktiviert, was wiederum dann die Bundesregierung dazu veranlasst, die Agora mit reichem Geld auszustatten. Das ist das Modell, dass man eine Verquickung von staatlichen Aufgaben und privaten Stiftungen mit einer ungeheuren Manipulationsmacht entwickelt. Eines der Opfer ist dieses Land.«[21]

Das Netzwerk, das der Journalist Roland Tichy hier skizziert und in dem Lobbyisten der Industrie die deutsche Politik bestimmen, bezieht sich lediglich auf das Klimanarrativ. Doch ähnliche Netzwerke sind und waren auch im Pandemie-Geschehen aktiv. Unter massivem Lobbyeinfluss werden derzeit auf supranationaler Ebene mit Nachdruck neue Gesetze verhandelt, die zukünftig nationale Entscheidungen noch radikaler überschreiben werden. Ein neuer WHO-Vertrag soll künftig sämtliche Freiheitslücken schließen, die Nationalstaaten wie Schweden in der Pandemie noch hatten. Und sind diese Regeln erst einmal implementiert, ist ein Rückbau nahezu ausgeschlossen. Sofern in Kürze kein breiter Widerstand der Bevölkerung kommt – und dieser ist aufgrund einer einheitlichen Medienindoktrination nicht wirklich in Sicht –, werden im Zuge der »Gefahrenabwehr« zum Klimawandel und vor künftigen Pandemien Tatsachen geschaffen, die einer Entmündigung der Bürger gleichkommen. Zukünftig könnten die hochgelobten deutschen Grundrechte auch dauerhaft ausgesetzt werden. Kommende Zwangsimpfungen werden dann nicht mehr im deutschen Parlament diskutiert, sondern bindend von der von oligarchischen Privatinvestoren abhängigen WHO verfügt. Zudem wird die Forderung »klimaneutralen Verhaltens« eine enge Gängelung und Überwachung der Bürger nötig machen, und gegen sogenannte Fake News – oftmals die eigentliche Wahrheit – wird man mit noch strengerer Zensur vorgehen. Die beiden zentralen Anliegen der Europäischen Union unter der Ägide von Ursula von der Leyen sind die Abschaffung des Bargeldes und die Einführung einer »digitalen Identität«, mit der jeder EU-Bürger lückenlos überwacht werden kann. Selbstredend preist Ursula von der Leyen das beschlossene Projekt als großen Gewinn für Freiheit und Sicherheit:

> *»Aus diesem Grund [der Datensicherheit] wird die Kommission demnächst eine sichere europäische digitale Identität vorschlagen. Eine, der wir vertrauen und die Bürgerinnen und Bürger überall in Europa nutzen können, um alles zu tun, vom Steuernzahlen bis hin zum Fahrradmieten.«*[22]

DENKEN IM WÜRGEGRIFF

Als liberaler Freigeist hatte Gunnar Kaiser alle soeben beschriebenen Agenden ins Visier genommen, vor allem jene, die mittels hypermoralischer Argumentation Freiheit einhegen und Macht organisieren. Dieselbe Kritik vertrat ich in meinen Büchern auch, was uns verband. Die Technik einer stellvertretenden Anwaltschaft, in der man sich »selbstlos« vor vermeintlich schwache Minderheiten stellt, findet sich sowohl in der linksgrünen Ideologie als auch in den oligarchischen Programmen zur »Verbesserung« der Welt. Darin geht es den Multimilliardären nie um höhere Renditen und mehr Macht, sondern stets darum, den Armen und Ärmsten der Welt zu helfen. Ob bei der Neuentwicklung von Genpflanzen für Afrika, die nur noch einmal keimen können, der so praktischen Bargeldabschaffung, neuen und günstigen Impftechniken für die Dritte Welt nebst fürsorglicher Totalüberwachung oder der Förderung neuer Industriezweige zwecks Klimaschutz – stets hat man die Menschenrechte der Schwächsten oder die unschuldige Natur im Blick. Allein für den Kampf gegen Ungerechtigkeit und die Unbill des Lebens haben Milliardäre Unsummen in philanthropische Forschungsstiftungen investiert, die so manchen Staatshaushalt übertreffen. Kurios an dem Gequatsche der Wölfe mit dem Kreidemaul ist lediglich, dass ihnen vor allem linksgrüne Zeitgenossen glauben wollen, um sich fortan als willfährige Unterstützer des ehemaligen Klassenfeindes instrumentalisieren zu lassen. Insbesondere im linksgrünen Juste-Milieu ist man ganz vorn mit dabei, solange es nur etwas zu retten gibt.

In diesem Milieu korrespondieren die Agenden zur Verbesserung der Welt mit der Benennung eines ausgemachten Grundübels: westliche, weiße, toxische Männer, die eine heteronormative Gesellschaft propagieren. Sie tragen die Alleinschuld für die Geißeln der Menschheit, die nun, Hand in Hand mit den Philanthropen, eliminiert werden sollten. »Intersektionaler, antirassistischer Genderfeminismus« hat sich zur Aufgabe gemacht, das Problem an seinen Wurzeln zu packen und ein für alle Male abzustellen. Um dies zu erreichen, sollen traditionelle Institutionen, die bekanntlich alle unter dem Einfluss alter weißer Männer entstanden sind, nachhaltig dekonstruiert werden. »Zufälligerweise« ist Genderfeminismus auch ein wichtiger Bestandteil des Programms zur globalen Neugestaltung von Macht, das der WEF in seiner »Great Reset«-Agenda fördert.

Die tradierte Sichtweise weißer westlicher Männer und deren patriarchales System einer »Unterdücker- und Vergewaltigungskultur« müsse durch Gegenbilder und positive Diskriminierung überschrieben werden. Historische

Plätze werden umbenannt, Nobelpreisträger in den Universitäten abgehängt und Kunstwerke aus den Museen entfernt. Wie ernst man es mit der Bürgererziehung zugunsten dieser neuen Sichtweise meint, zeigt inzwischen jede beliebige Werbebroschüre: In der Werbung für Sportbekleidung schauen weiße Frauen beim Joggen verliebt auf ihren dunkelhäutigen Partner afrikanischer Abstammung, während westliche Männer allenfalls noch Produkte bewerben dürfen, die zum Putzen benötigt werden. Zentraler Bestandteil dieser Ideologie ist die sogenannte Cancel Culture, was auch der Grund dafür war, dass sich Gunnar des Themas auf besondere Weise annahm.

»›Als Cancel Culture (dt. ›Abbruchkultur‹) wird ein systematischer Boykott von Personen oder Organisationen bezeichnet, denen beleidigende oder diskriminierende Aussagen bzw. Handlungen vorgeworfen werden.‹ Cancel Culture hat zwei Instrumentarien zur Verfügung, um eine linksgrüne Diskurshoheit sicherzustellen. Zum einen werden unliebsame Personen, insbesondere Publizisten, Wissenschaftler, Künstler und Journalisten, diffamiert und lächerlich gemacht. Das geschieht in der Regel mit der altbewährten Kombination aus Chauvinismus-, Sexismus-, Rassismus- und Nationalismus-Vorwürfen. Wer von derartigen Zuschreibungen getroffen wird, ist markiert und wird zur Persona non grata. Jedem, der fortan mit dieser Person Umgang pflegt, wird Solidarität mit dem Paria unterstellt; es startet ein Prozess, den ich in meinem letzten Buch als Hexenjagd beschrieben habe. Das zweite

Instrument von Cancel Culture ist das sogenannte ›Deplatforming‹ (engl.: ›die Plattform nehmen‹), auch ›No-platforming‹ genannt. Hierbei werden unliebsame Meinungen ganz einfach aus dem Debattenraum entfernt, indem man sie ignoriert. Bücher liegen nicht mehr auf den Büchertischen aus. Rezensionen, selbst vernichtende, werden gar nicht erst geschrieben. Unbotmäßige Theaterstücke kommen gar nicht erst zur Aufführung.«[23]

Gunnar hatte meine öffentliche Kritik an der Cancel Culture im Kulturbereich mitbekommen, deshalb fragte er mich, ob ich den von ihm und Milosz Matuschek initiierten »Appell für freie Debattenräume« als Erstunterzeichner unterschreiben wolle. Selbstverständlich sagte ich zu und mit mir unterschrieb noch eine interessante Reihe prominenter Freidenker, die ich ohnehin schätzte: Hamed Abdel-Samad, Jörg Baberowski, Sucharit Bhakdi, Norbert Bolz, Raphael M. Bonelli, Peter Hahne, Markus Krall, Burkhard Müller-Ullrich, Vera Lengsfeld, Monika Maron, Chaim Noll, Dieter Nuhr, Boris Palmer, Rüdiger Safranski, Michael Schmidt-Salomon, Susanne Schröter, Cora Stephan, Uwe Tellkamp, Günter Wallraff und Alexander Wendt. Da der Appell einige Wellen in den etablierten Medien schlug und eine wichtige Kernarbeit Gunnar Kaisers für die Freiheit dokumentiert, gehört der Text in dieses Buch:

»Befreien wir das freie Denken aus dem Würgegriff.
Absagen, löschen, zensieren: Seit einigen Jahren macht sich ein Ungeist breit, der das freie Denken und Sprechen

in den Würgegriff nimmt und die Grundlage des freien Austauschs von Ideen und Argumenten untergräbt. Der Meinungskorridor wird verengt, Informationsinseln versinken, Personen des öffentlichen und kulturellen Lebens werden stummgeschaltet und stigmatisiert. Wir erleben gerade einen Sieg der Gesinnung über rationale Urteilsfähigkeit. Nicht die besseren Argumente zählen, sondern zunehmend zur Schau gestellte Haltung und richtige Moral. Stammes- und Herdendenken machen sich breit. Das Denken in Identitäten und Gruppenzugehörigkeiten bestimmt die Debatten – und verhindert dadurch nicht selten eine echte Diskussion, Austausch und Erkenntnisgewinn. Lautstarke Minderheiten von Aktivisten legen immer häufiger fest, was wie gesagt oder überhaupt zum Thema gesagt werden darf. Was an Universitäten und Bildungsanstalten begann, ist in Kunst und Kultur, bei Kabarettisten und Leitartiklern angekommen. Inzwischen sind die demokratischen Prozesse selbst bedroht. Der freie Zugang zum öffentlichen Debattenraum ist die Wesensgrundlage eines jeden künstlerischen, wissenschaftlichen oder journalistischen Schaffens sowie die Basis für die Urteilskraft eines jeden Bürgers. Ohne freie Debatten und freie Rede gibt es keine funktionierende Demokratie. Wie wollen wir in Zukunft Sachfragen von öffentlichem Interesse behandeln? Betreut und eingehegt – oder frei? Die gezielte Verunglimpfung von Intellektuellen, Künstlern, Autoren und jedem, der von der aktuell herrschenden öffentlichen Meinung abweicht, ist eine inakzeptable Anmaßung. Freie Rede und Informationsgewinnung sowie

freie wissenschaftliche oder künstlerische Betätigung sind Rechte und nicht Privilegien, die von dominierenden Gesinnungsgemeinschaften an Gesinnungsgleiche verliehen und missliebigen Personen entzogen werden können. Es ist dabei unerheblich, auf welcher politischen Seite die Gruppierung steht, ob sie religiös, weltanschaulich oder moralisch motiviert ist – ein Angriff auf die Demokratie bleibt ein Angriff auf die Demokratie. Wir fordern sämtliche Veranstalter, Multiplikatoren oder Plattformbetreiber auf, dem Druck auf sie standzuhalten und nicht die Lautstarken darüber entscheiden zu lassen, ob eine Veranstaltung stattfindet oder nicht. Wir solidarisieren uns mit den Ausgeladenen, Zensierten, Stummgeschalteten oder unsichtbar Gewordenen. Nicht, weil wir ihre Meinung teilen. Vielleicht lehnen wir diese sogar strikt ab. Sondern weil wir sie hören wollen, um uns selbst eine Meinung bilden zu können. Wir möchten das unselige Phänomen der Kontaktschuld beenden. Ohne sie wäre die Absageunkultur nicht möglich. Kontakt ist nicht geistige Komplizenschaft. Die Nutzung einer gemeinsamen Plattform oder Bühne ändert nichts daran, dass jeder für sich spricht und auch nur dafür verantwortlich ist, was er oder sie sagt. Auch die Unterzeichner dieses Appells sprechen jeweils nur für sich selbst. Uns eint vielleicht nichts außer der Sehnsucht nach einer aufregenden, für beide Seiten erhellenden Konversation und nach einem vielfältigen Kulturangebot, was auch immer jede und jeder darunter verstehen mag.
Milosz Matuschek & Gunnar Kaiser, Initiatoren & Erstunterzeichner«[24]

Im Gegensatz zur sonst üblichen Medientaktik des Deplatforming konnten sich diesmal viele Journalisten nicht zurückhalten. Es folgten diverse Verrisse, in denen Gunnar Kaiser erstmalig als Rechtspopulist geframt wurde. Das Problem der Cancel Culture wurde kurzerhand negiert und in Abrede gestellt. Schließlich lebe man in einem freien Land und könne alles sagen, was man möchte. Die Motivation von Kaiser und seinen Erstunterzeichnern sei allenfalls so zu erklären, dass es sich um abgehalfterte C-Promis handele, die sich mal wieder ins Gespräch bringen wollen. Doch kaum waren derartige Diffamierungen zu lesen, explodierten die Zahlen der Unterzeichner erst recht – immer mehr namhafte Künstler zeichneten den Aufruf, darunter kulturelle Schwergewichte wie der britische Komiker und Schauspieler John Cleese, langjähriges Monty-Python-Mitglied, der nach seiner Unterschrift ebenfalls Opfer einer Hetzkampagne wurde.

HARDCORE-QUERDENKER

Lange Zeit und völlig zu Recht war Gunnar Kaiser als Publizist auch in den etablierten Medien sichtbar. Dort verfasste er hervorragende Artikel zum Zeitgeschehen, unter anderem für *Der Freitag* und *NZZ*, und ebenso schrieben die Mainstreammedien mehr oder weniger wohlwollend über ihn. Die negativen Medienreaktionen auf seine Initiative »Appell für freie Debattenräume« waren zu erwarten gewesen und bewegten sich in einem vergleichsweise moderaten Rahmen. Sein Aufruf gegen Cancel Culture sei »theatralisch« oder »obskur«, da es das Problem in der besten aller Medienwelten eigentlich gar nicht geben konnte. Erst als sich Gunnar Kaiser als Corona-Maßnahmen-Kritiker zu erkennen gab, entstand ein tiefer Riss, der durch nichts mehr zu kitten war, jetzt wurden die Diffamierungen persönlich. Bei näherer Betrachtung wird jedoch ein psychologischer Abwehrmechanismus erkennbar, dessen Aufarbeitung lohnenswert ist, denn: Hier findet auch die Spaltung statt, die sich seither durch die ganze Gesellschaft zieht. Der Diskurs wird verlassen, Fakten zählen nicht mehr, und anstatt sich einer unangenehmen Wahrheit zu stellen, wird der Überbringer der Botschaft erschossen – sinnbildlich natürlich. In der Regel wird er stattdessen für verrückt erklärt.

Ein Artikel, der diesen Umschlag geradezu mustergültig abbildet, ist »›Das Impferium schlägt zurück‹? Wie Gunnar Kaiser als Philosoph auf Abwege geraten ist« von Martin Rhonheimer in der *NZZ*. Vorweggenommen: Rhonheimer, der Ethik und politische Philosophie an der Päpstlichen Universität Santa Croce in Rom lehrte, kommt zu dem Schluss, dass Gunnar Kaiser zu einem »demagogischen Ideologen« verkommen sei. Rohnheimer beginnt seinen Artikel mit Lob über Kaiser:

> *»Er ist studierter Philosoph und Germanist, Gymnasiallehrer, Schriftsteller, Autor eines Romans, der bei Piper erschienen ist und in sechs Sprachen übersetzt wurde. […] Gunnar Kaiser ist während der vergangenen Jahre als ein philosophisch beschlagener und redegewandter Kritiker von Machtanmassungen des Staates aufgetreten.«*

Um dann einen »Skandal« auszumachen:

> *»Doch vor einem Jahr plötzlich der Skandal: Die liberale, in Potsdam ansässige Friedrich-Naumann-Stiftung distanzierte sich öffentlich von der ›Person Kaiser‹, nachdem sie diese kurz zuvor als Moderator eines Gesprächs über Cancel-Culture engagiert hatte. Wie man leider zu spät gemerkt habe, so vor einem Jahr der Stiftungsratsvorsitzende und renommierte Ökonomieprofessor Karl-Heinz*

Paqué im NZZ-Streitgespräch mit dem in Ungnade Gefallenen, habe dieser ›Sympathien für die verschwörungstheoretische Gedankenwelt‹. Mit seiner Kritik am Plan des WEF eines ›Great Reset‹ habe er ›einen Weltmasterplan zur Beseitigung der Demokratie und der Marktwirtschaft aufgespürt‹, und damit bewege er sich ›weit jenseits der liberalen Demarkationslinie‹.«

Zunächst übernimmt der Autor eine Kritik vom Hörensagen, von einem »renommierten Professor« immerhin, wobei er die bloße Möglichkeit einer konspirativen WEF-Agenda als dermaßen absurd bewertet, dass sich jede inhaltliche Auseinandersetzung mit der These erübrigt. Schließlich »weiß« Rhonheimer, dass diese Position nur verschwörungstheoretischer Unsinn sein kann. Auf welch fundiertem Boden der Autor tatsächlich steht, gibt er kurz darauf preis, indem er sich inhaltlich zur Impfung und der Corona-Politk äußert:

»Man ist erstaunt und überrascht. Da wird auch vor der mRNA-Impfung als ›Gentherapie‹ gewarnt, doch seit wann ist eine Impfung eine ›Therapie‹, und was hat die RNA, die allein die Bildung von Antikörpern stimulieren soll und schon bald nach der Impfung abgebaut wird, mit dem Genom, also der DNA, zu tun, mit der sie gar nicht in Berührung kommen kann?«

Obgleich im Dezember 2021 inzwischen jedem halbwegs informierten Journalisten der Wirkmechanismus einer mRNA-Impfung klar sein sollte, offenbart Rohnheimer in diesem Absatz nicht nur Halbwissen, sondern völlige Naivität. Fast alle Aussagen seines Verständnisses über den Wirkmechanismus der Impfung sind falsch. Das Wort »Gentherapie« ist durchaus angezeigt, DNA gibt es als Verunreinigung im Impfstoff sehr wohl, und die RNA wird auch nicht »schnell abgebaut« – ganz im Gegenteil. Die Produkte daraus, die synthetisierten Spikes, können in fast allen Organen noch monate- und jahrelang nachgewiesen werden, wo sie unter Umständen schwere Gefäßschäden hervorrufen können. Nichtsdestotrotz ist der Autor »erstaunt und überrascht« über die Dummheit von Gunnar Kaiser, der aus seiner Perspektive jegliche Bodenhaftung verloren hat. Einmal mehr schwingt sich ein Journalist mit dem Zehntel des Wissens seines Kontrahenten dazu auf, einen komplexen Sachverhalt »richtigzustellen«. Doch das ist ja das Praktische an Konformität – schließlich »weiß« man alles im Voraus, da sich 97 Prozent aller Wissenschaftler einig sind. Das spart viel Zeit bei der mühsamen Recherche und dem Selbstdenken. In meinem Fall beginnt der mediale Angriff nach dem großen Erfolg von *Das Impfbuch*, das ich noch 2021 als Ergänzung zu *Vom Verlust der Freiheit* publizierte. *Die Welt* schreibt einen Verriss und bezeichnet mich wider besseres Wissen als medizinischen Laien, der sich unqualifiziert zur Impfung äußert. Der Autor würde lediglich »schwurbeln«, was das Internet hergebe. *Das Impfbuch* sei folglich ein »Machwerk« und strotze vor Desinformationen. Die zweifellos »sicheren und hochwirksamen Impfungen« würden verunglimpft, daher gehörten derartige Bücher, mit denen dubiose Gestalten lediglich Geld verdienen wollten, selbstredend verboten.

Das unwürdige Prinzip, unliebsame Meinungen zu canceln, findet sich überall: Ohne jemals eine Sure aus dem Koran gelesen zu haben, »weiß« man einfach, dass der Islam eine Religion des Friedens ist. Und ohne jemals eine Studie über den Klimawandel gelesen zu haben, »weiß« man einfach, dass ausschließlich das anthropogene CO_2 für die Klimaerwärmung verantwortlich sein kann. In Wirklichkeit werden bei derartigen Verkürzungen kognitive Dissonanzen auf billigste Weise abgewehrt.

Was Rhonheimer gegen Gunnar Kaiser exemplarisch exerziert, findet sich später in Hunderten Statements und Artikeln wieder. Im Mainstream gilt der Philosoph fortan als Verschwörungstheoretiker, Demagoge, Rechtspopulist, Schwurbler, Querdenker und Aluhutträger. Tragischerweise gehen die bösartigen und toxischen Zuschreibungen nicht spurlos an Gunnar vorbei, wie er in seinem persönlichen Statement »Meine Grenze ist erreicht« später noch bekennen wird. Da sich viele Menschen durch seine Aufklärungsarbeit in ihrem persönlichen Weltbild bedroht fühlen, geht der Hass gegen Gunnar Kaiser sogar über seinen Tod hinaus. Die klammheimliche Freude darüber, dass ein großer Aufklärer der freien Medien gestorben ist, trieft aus dem Subtext vieler Posts und Statements:

»Der Hardcore-Querdenker Gunnar Kaiser ist nach seinem Therapieabbruch vor 1 1/2 Jahren jetzt gestorben und die gesamte Schwurbelszene benimmt sich wie eine

Horde nordkoreanischer Klageweiber nach dem Tod des großen Führers. Statt den Grund für den viel zu frühen Tod zu benennen.«[25]

Ohne die wirklichen Hintergründe zu kennen, unterstellt der verächtliche Tweet eines gewissen »Tom Hansen« so ganz nebenbei, dass Gunnar schließlich selbst schuld an seinem Tod war. Im Prinzip sei er zu verbohrt gewesen, um die Segnungen der Schulmedizin anzunehmen – das passt natürlich hervorragend zu dem Framing als »Schwurbler«. Dass sich Gunnar sehr wohl schulmedizinisch behandeln ließ und dass er sich seine Entscheidung für die weiteren Therapieschritte alles andere als leicht gemacht hat, liegt natürlich außerhalb des Horizonts eines derartigen Nachtreters. Der Jurist und Autor Carlos A. Gebauer kommentiert den Tweet:

»Ich frage mich hier, Pars pro toto, was ist in der Gesellschaft los, wenn solche Hysterien herrschen? Wenn man nicht mehr nüchtern über wissenschaftliche Fakten akademisch miteinander die bessere Lösung sucht, sondern über den Tod eines Menschen hinaus so mit Dreck wirft? Wenn wir so miteinander umgehen, können wir unsere freiheitlich demokratische Grundordnung sehr, sehr schnell komplett begraben. Die einzige Möglichkeit in einer Republik, die ja nicht zufällig Republik heißt, weil sie was mit Res publica zu tun hat, die einzige Möglichkeit, in einer Republik vernünftig miteinander zu Lösungen zu finden und Probleme zu lösen, besteht auch darin, dass

wir einander zuhören und dass wir gemeinsam rational nach Lösungen suchen. Das ist doch unsere europäische Tradition in der Aufklärung, so wollten wir das auch machen und so sollten wir doch daran festhalten.«[26]

DEMASKIERUNG

Als hätte es Gunnar mit seiner Kritik an der Cancel Culture geahnt, griffen alle Mechanismen der Ausgrenzung, Zensur und Diffamierung in der nachfolgenden Coronazeit noch weitaus härter als befürchtet. Zuvor war in den Massenmedien mit Wokismus und Cancel Culture ein perfektes Klima kultiviert worden, um mit hypermoralischer Attitüde auch die Pandemiemaßnahmen rigoros durchsetzen zu können. Gunnar und weitere Freidenker hatten inzwischen längst verstanden, dass die mediale Moralisierung Teil einer weitaus komplexeren Agenda zur Gesellschaftssteuerung war. Auch bei Corona fußten die staatlichen Kampagnen auf dem moralischen Framing eines angeblichen Minderheitenschutzes. Und wie zuvor bei den Themen Rassismus und Klimakampf wurde auch diesmal verantwortungsethisches Denken als Unmenschlichkeit geframt. In der durch die Massenmedien moralisierten Gesellschaft wollte sich schließlich niemand mehr den nüchternen Fakten stellen, die normalerweise zum sofortigen Widerspruch gegen die Corona-Maßnahmen geführt hätten. Der Professor für Öffentliche Finanzen und Maßnahmenkritiker der ersten Stunde, Stefan Homburg, zählt sie im Rahmen des Corona-Symposiums zur Aufarbeitung der Krise im November 2023 noch einmal auf:

> *»Meine sehr geehrten Damen und Herren, wir haben dunkle Jahre hinter uns. Zunächst das Wichtigste in fünf Stichpunkten:*
>
> 1. *Die Klinikbelegung sank in Deutschland bundesweit im Jahre 2020 auf ein historisches Allzeittief – sagt das Bundesgesundheitsministerium.*
> 2. *Es gab 2020 und 2021 nicht mehr schwere Atemwegserkrankungen als sonst. Corona kam und die Influenza verschwand zeitweise – sagen die Sentinel-Daten des RKI.*
> 3. *Es starben im Jahr 2020 altersstandardisiert nicht mehr Menschen als sonst auch. Erst seit 2021 nimmt die Sterblichkeit zu – sagen Daten des Statistischen Bundesamtes.*
> 4. *Menschen, die mit oder an Corona verstarben, waren im Mittel 83 Jahre alt und die übrigen Verstorbenen im Mittel 82 Jahre alt – sagen RKI und statistisches Bundesamt.*
> 5. *Das Masken- und Lockdown-freie Schweden schnitt besser ab als Deutschland – sagt die WHO. An den Maßnahmen lag das alles also nicht.*
>
> *In der Summe sind die fünf Behauptungen so unglaublich, dass sie in Ihren Tagungsunterlagen einen Umdruck*

von mir finden, der heißt ›Amtliche Corona Fakten‹, dort haben Sie einen amtlichen Link zu jeder dieser Behauptungen. Zusammenfassend: Klinisch in Bezug auf echte Krankheiten und Todesfälle gab es nichts Besonderes, es war alles normal. Das sind Fakten und das ist der wichtigste Punkt: Die Vorstellung einer Pandemie ergab sich ausschließlich aus neuartigen, anlasslosen Massentests, deren Ergebnisse enorm schwanken und dem Publikum vorgaukelten, es gäbe mehr Kranke und Tote als sonst – was nicht stimmte. Mit einem PCR-Test auf Rhinoviren hätte man dieselbe Illusion erzeugen können und das könnte man momentan auch, wenn man es wollte. […]«[27]

Inzwischen sind die Masken gefallen, buchstäblich und im übertragenen Sinne. Mittlerweile wurde der Pfizer-Vertrag mit der Europäischen Union geleakt. Zuvor war es sogar EU-Parlamentariern verboten gewesen, Einsicht in den Vertag von Ursula von der Leyen zu nehmen, neunzig Prozent der Inhalte waren geschwärzt. Aus juristischer Perspektive hätte der Vertrag als sittenwidrig und damit als nichtig gelten müssen. Im Zuge der angeblichen Notlage hatte sich Pfizer quasi einen Blankovertrag unterschreiben lassen: Die EU musste sich einverstanden erklären, dass weder Langzeitfolgen noch Nebenwirkungen, noch Wirksamkeit des Impfstoffs bekannt sind.

Nur mühsam und nach parlamentarischem Druck gibt die Europäische Arzneimittelbehöre EMA zu, was kritische Ärzte von Anfang an moniert hatten: Das politische Hauptargument aller 2G- und 3G-Verordnungen und einer Quasi-Impfpflicht – der Fremdschutz – war zu keinem Zeitpunkt Gegenstand der Zulassung gewesen. Mehrere EU-Parlamentarier hatten im Oktober 2023 der EMA eine entsprechende Anfrage gestellt, unter dem Aktenzeichen EMA/451828/2023 kann man die Antwort nachlesen:

> *»Sie [die anfragenden EU-Parlamentarier] stellen fest, dass die Impfstoffe aufgrund der zugelassenen Indikationen ›nur Personen verabreicht werden sollten, die einen persönlichen Schutz suchen, und dass sie nicht zur Verringerung der Übertragung oder der Infektionsraten (Übertragungskontrolle) zugelassen sind‹. Sie stellen auch fest, dass die zugelassene Indikation nicht mit den von ›Pharmaunternehmen, Politikern und Gesundheitsfachleuten‹ propagierten Verwendungszwecken übereinstimmt.*
> *Sie haben in der Tat Recht, wenn Sie darauf hinweisen, dass die COVID-19-Impfstoffe nicht zur Verhinderung der Übertragung von einer Person auf eine andere zugelassen sind. Die Indikationen dienen nur dem Schutz der geimpften Personen.*
> *Aus der Produktinformation für COVID-19-Impfstoffe geht eindeutig hervor, dass die Impfstoffe für eine aktive Immunisierung zur Verhinderung von COVID-19 bestimmt sind. Außerdem wird in den Bewertungsberichten der EMA über die Zulassung der Impfstoffe darauf hingewiesen, dass keine Daten zur Übertragbarkeit vorliegen.*
> *Die EMA wird auch weiterhin die zugelassenen Verwendungszwecke der COVID-19-Impfstoffe transparent ma-*

chen und Bereiche identifizieren, in denen wir Missverständnisse ausräumen müssen.«[28]

Das »Missverständnis«, das die EMA jetzt im Nachhinein »ausräumt«, führte jedoch leider zu unzähligen Kündigungen wegen einrichtungsbezogener Impfpflicht, zu Firmenpleiten bis hin zu Selbstmorden. Und heute heißt es seitens der EMA lapidar: Die Impfstoffe waren zu keinem Zeitpunkt zur Verhinderung einer Ansteckung vorgesehen – allenfalls zum Selbstschutz. Angesichts der politischen Slogans »Pandemie der Ungeimpften« ist diese Aussage an Zynismus kaum zu überbieten.

»Damit bleibt von den ach so ›solidarischen‹ Maßnahmen des ›Teams Wissenschaft‹ nichts übrig außer der Befund, dass diese lediglich der Vorwand für einen nie dagewesenen kollektiven Machtrausch auf Kosten der Bürger waren, basierend auf Wahn und Willkür.«[29]

Damit jedoch nicht genug. Die EU musste vertraglich zusichern, dass die Komponenten des Impfstoffes jederzeit verändert und weiterentwickelt werden dürfen – dieser Punkt wird sich als der vielleicht größte Fehler herausstellen. Als absolute Krönung für diesen Freibrief bestätigte die EU dann auch noch den Haftungsausschluss für den Pharmagiganten. Sofern Impfschäden eintreten, was inzwischen massenweise geschieht, sind die Kosten allein von der EU zu tragen, also vom Steuerzahler und nicht von der Industrie, die mit dem Deal Milliarden verdient hat. Zur Erinnerung: Erst die unter massivem Lobbyeinfluss durchgesetzten Zwangsmaßnahmen (Desinfektion, Überwachung, Maskentragen, Lockdowns, Reisebeschränkungen, Kontaktverbote) hatten den *Pfizer*-Megadeal überhaupt möglich gemacht. Danach konnte den auf diese Weise genötigten EU-Bürgern millionenfach ein Impfstoff verkauft werden, von dem es heute heißt, der epidemiologische Verwendungszweck (die Verhinderung einer Ansteckung) war nie das Thema.

Ein weiteres Kernstück der Corona-Aufklärungsarbeit war die Einsicht in die Protokolle der Impfstudien, die sogenannten *Pfizer*-Files, deren Freigabe in den USA erfolgreich eingeklagt werden konnte. Die weitaus geringere Gefährlichkeit des Virus und die schwache Impfstoffwirkung waren von Anfang an bekannt. In den ohnehin viel zu kurzen Studien wurde die Gefährlichkeit des Virus dramatisiert – zugleich fand eine Bagatellisierung der Impfnebenwirkungen statt, die in Wirklichkeit aber dramatisch waren.[30]

Erst in jüngster Zeit gibt es auch neue Erkenntnisse bezüglich der unterschiedlichen Risiken verschiedener Impfchargen,[31] die zuerst vom Ex-Forschungschef von *Pfizer* Mike Yeadon sowie dem Londoner Softwareentwickler und Datenanalyst Craig Paardekooper nach Auswertung der US-Datenbank VAERS beschrieben wurden: Einige Impfstoffchargen waren relativ gut verträglich, während andere ein geradezu erschreckendes Nebenwirkungsprofil aufwiesen – dies könnte eine Erklärung dazu sein:

»Pfizer nutzte zwei unterschiedliche Verfahren, um die Corona-Präparate herzustellen. Eines war sauber und teuer und kam im Zulassungsverfahren zur Anwendung. Das andere war billig, führte zu verunreinigten Injektionen und einer massiv erhöhten Zahl schwerer Nebenwirkungen. Der so erzeugte Stoff wurde an die übrige Weltbevölkerung verimpft.«[32]

Die Auswertung der *Pfizer*-Dokumente seitens zweier israelischer Wissenschaftler, Joshua Guetzkow und Retsef Levi, führte zu einer Publikation im renommierten British Medical Journal (BMJ).[33] Die Recherche ergab, dass Pfizer zwei unterschiedliche Herstellungsverfahren benutzt hat, intern »Process 1« und »Process 2« genannt. »Process 1« ist ein computerbasiertes Verfahren, bei dem die mRNA steril und maschinell vervielfältigt wird. Der Impfstoff ist relativ sauber und besteht fast ausnahmslos aus dem mRNA-Genmaterial, das man auch verimpfen will. Bei diesem Verfahren ist die sogenannte »mRNA-Integrität« so hoch, dass fehlerhafte Genomstränge allenfalls in Bereichen 1:300 000 bis 1:1 000 000 auftreten. Dieser hochreine Impfstoff wurde auch für das behördliche Zulassungsverfahren benutzt, von dem die EMA heute sagt – alles war ohnehin nur für den »Eigenschutz« gedacht. Tatsächlich war es den Pharmagiganten aufgrund der astronomisch verkauften Stückzahlen jedoch nicht möglich, das Produkt in dieser reinen Form massenhaft liefern zu können. Das wesentlich schnellere und billigere Verfahren »Process 2« sollte die Lösung sein. Hier wird das gewünschte mRNA-Material durch die Anzucht in gentechnisch veränderten Bakterien gewonnen. Diese werden in riesigen Tanks gezüchtet und nach mehrfacher Teilung getötet, wonach das gewünschte Material frei wird. Das Problem dieses Herstellungsprozesses ist jedoch eine hohe Anzahl verunreinigter Impfchargen, da diese noch Trümmer der Bakterien, einschließlich gefährlicher DNA, enthalten können. Natürlich wusste die EMA von der Verfahrensumstellung allein schon deshalb, weil die Stichproben der Impfstoffe plötzlich massenhaft fehlerhaftes Genmaterial enthielten. In den neuen Impfstoffen befanden sich jetzt bis zu 45 Prozent unbrauchbare Gensequenzen, von denen niemand wissen konnte, was sie im Körper anrichten. Da die politischen Impfkampagnen jedoch zu weit fortgeschritten waren und man das Vertrauen in die »hochwirksamen und sicheren Impfungen« nicht erschüttern wollte, kniff man bei der EMA beide Augen zu. Impfchargen mit unerwünschten Eiweißtrümmern und fehlerhaften Gensequenzen gelangten mit der Injektion in die Körperzellen vieler EU-Bürger, die den Kampagnen vertraut hatten. In den Zellen kam es anschließend zu unkontrollierten Syntheseprozessen: Zu den ohnehin umstrittenen Spikes stellten die körpereigenen Zellfabriken nun auch noch völlig unbekannte Fremdeiweiße her, die mit großer Wahrscheinlichkeit für die mannigfaltigen Immunantworten und Entzündungen verantwortlich sind.

DER SCHOCK

Nachdem sich Gunnar Kaiser und mit ihm viele Aufklärer, darunter renommierteste Wissenschaftler, über drei Jahre aufgerieben haben, obige Fakten ans Tageslicht zu bringen, soll es in diesem Büchlein fortan nicht mehr um die konkreten Machenschaften hinter den Kulissen der Pandemie gehen. Oder um es mit Gunnars Worten auszudrücken:

> *»Wer im Jahr 2022 noch immer davon ausgeht, dass in den vergangenen Jahren mehr oder weniger alles mit rechten Dingen zuging, alles von höchstens überforderten Politikern doch irgendwie gut gemeint war oder zumindest glimpflich enden wird, der wird durch kein Buch der Welt, sei es noch so gut recherchiert und rhetorisch noch so unwiderstehlich geschrieben, auf den Trichter kommen.«*[34]

In diesem Buch möchte ich das Schicksal eines großen Corona-Aufklärers nachzeichnen und damit exemplarisch abbilden, was es mit jenen macht, die die Hintergründe der Coronakrise schon lange verstanden haben. Wer das Prinzip der technokratischen Machtergreifung via »wissenschaftliche Notwendigkeit« verstanden hat, ist in der Regel tief erschüttert. Der Schock vieler Intellektueller und Aufklärer basiert auf der bitteren Erfahrung, dass der Attacke auf die freie Gesellschaft nicht mit faktenbasierter Aufklärung beizukommen ist. Wie die Aufzählung von Stefan Homburg zeigt, wurden im Zuge der Angstkampagnen gröbste Widersprüche, Unsinnigkeiten und Milchmädchenrechnungen klaglos akzeptiert. Schließlich wurde überdeutlich, dass man es mit dem Phänomen der Massenbildung[35] zu tun hatte, das Psychologen und Historiker stets historisch verorteten – ich komme darauf zurück.

Die allgemein verbreitete Desillusion vieler Aufklärer wurde mir immer klarer, je mehr ich mich mit den Kollegen der freien Medienszene austauschte. Nicht allein Gunnar Kaiser, sondern mit ihm viele Freidenker fragten sich, wie sie ihre persönliche Integrität und geistige Gesundheit in einer Gesellschaft erhalten können, deren Großteil der Bürger obigen Angriff auf die freie Gesellschaft noch immer nicht wahrhaben wollte. Und in der es innerhalb weniger Monate zum schrecklichen Phänomen der Massenbildung gekommen war, nebst Hexenjagden und dem Machtmissbrauch sämtlicher Institutionen. Man mache sich nichts vor: Die ehemals freie und liberale Gesellschaft stand kurz vor einem totalitären Gewaltraum. Zum Glück kam irgendwann die milde Variante »Omikron«, mit der sich zugleich auch die völlige Unsinnigkeit von Impfung und Testwahn offenbarten. Für alle Menschen sichtbar detektierte der PCR-Test nach dem großen Heilsversprechen der Massenimpfung schließlich fast nur noch Corona-Infizierte, die zuvor geimpft waren. Ohne diese Entwicklung wäre die Gesellschaft vermutlich noch lange nicht aus ihrer Angsthypnose erwacht. Zwangsmaßnahmen und Internierung Ungeimpfter wären so gut wie sicher gewesen.

Mit dem Slogan »Pandemie der Ungeimpften« waren die Sündenböcke bereits markiert, die Geschichte hätte sich wiederholt. In meinem Buch *Die Heldenreise des Bürgers* führe ich aus, warum dieser Mechanismus jederzeit und in jeder Gesellschaft droht – sofern gewisse soziale Parameter gegeben sind. Inzwischen sind viele Menschen erleichtert, dass der Spuk vorbei ist. Jedoch – ist er das wirklich? Und worin genau bestand dieser Spuk? Das Coronavirus gibt es bekanntlich nach wie vor. Was sich im Wesentlichen verändert hat, ist lediglich die klammheimliche Rücknahme des Test- und Impfwahns.

Die belastende Erkenntnis ist vor allem diese: Alles kann und wird sich mit großer Wahrscheinlichkeit wiederholen, wenn auch über andere Angstnarrative. Andere Killerviren, barbarische Russen, die Gluthölle des Klimawandels oder gar der bevorstehende Angriff von Außerirdischen – solange es in der *Tagesschau* kommt, wird es schon stimmen. Über das Motto »Follow the Science« lassen sich auch zukünftig demokratische Prozesse aushebeln. Neu erklärte Notstände erlauben das Durchregieren über Dekrete, der Ausnahmezustand führt in eine globale Technokratie und wird zum »neuen Normal«. Mit Corona hat die westliche Gesellschaft ihre Unschuld und ihre Freiheit verloren, und inzwischen gibt es nur noch zwei Sorten Bürger: jene, die den Generalangriff auf die Freiheit verstanden haben, und jene, die ihn nach Kräften leugnen.

Die Politikwissenschaftlerin Ulrike Guérot erklärte in einem Interview einmal sinngemäß, die hässliche Fratze des Totalitarismus bliebe für Konformisten und Mitläufer selbstredend unsichtbar. Wer mitmachte und Merkels Corona-Politik goldrichtig fand, erfuhr ja weder Ausgrenzung noch Widerstand. Aus dieser Perspektive lässt sich der Aufschrei und das Entsetzten über das ungeheuerliche Geschehen[36] der letzten Jahre natürlich nicht verstehen. Die Majorität der Bürger hält daher Bücher wie dieses für larmoyant, da der Großteil bislang kaum Reibung zum neuen Totalitarismus erfahren hat. Die Gesellschaft ist seither tief gespalten in »Aufgewachte« und »Schlafende«, wobei sich letztere Gruppe systematisch gegen das Aufwachen imprägniert, denn: Je länger Menschen systematisch angelogen und hintergangen werden, desto schwerer wird die nachträgliche Anerkennung des Machtmissbrauchs.

KONSPIRATION

Da Gunnar den Herrschaftstechniken zur Einschüchterung des freien Diskurses schon immer widersprochen hatte, gehörte er selbstredend auch zu den Corona-Aufklärern der ersten Stunde. Inhaltlich stand er Autoren wie Dr. Wolfgang Wodarg, Prof. Sucharit Bhakdi, Clemens G. Arvay, Prof. Stefan Homburg, Tom Lausen, Dr. Stefan Hockertz, Dr. Gunter Frank, Walter van Rossum, Paul Schreyer, Prof. Matthias Schrappe, Prof. Klaus Stöhr, Prof. Martin Haditsch und anderen nahe.

In der dunklen Zeit der »Einschließung«, wie Gunnar die Lockdowns nannte, war ich allein drei Mal zu Gast bei *Kaiser TV*. Auf dem Gipfel der Massenhysterie mit rigorosen Ausgangssperren drehten wir trotzdem, Gunnar wurde für ähnliche »Vergehen« später tatsächlich noch angeklagt. Unsere Treffen fanden in geschlossenen Hotels, verdunkelten Musikbars oder klammen Schlössern statt, immer mussten wir auf der Hut sein, dass das Ordnungsamt oder die Polizei keinen Wind von den Drehs bekam. Immerhin kamen mit Filmteam und Freunden schnell an die zwanzig ungeimpfte Leute auf engstem Raum zusammen – zur damaligen Zeit ein schweres Vergehen. Ich hätte nie gedacht, dass ich einmal persönlich zur Teilnahme an derart konspirativen Treffen genötigt würde, nur um eines der selbstverständlichsten Dinge der Welt zu tun: journalistische Aufklärungsarbeit.

Im Dezember 2020, auf dem Gipfel der Verbote und Ausgangssperren, produziert Gunnar die Talkrunde »Perspektiven in Krisenzeiten – Raus aus der Angst. Corinna Busch, Raymond Unger und Axel Voss«. Wir treffen uns in einem geschlossenen Dortmunder Hotel, das direkt gegenüber dem Hauptbahnhof liegt. Ich fahre mit dem ICE nach Dortmund, in dem selbstverständlich eine strenge Maskenpflicht herrscht. Die Atmosphäre in Dortmund ist beängstigend. Die Menschen versuchen sich ein Stück Normalität zu erhalten, indem sie trotz aller neuen Verbote ihre Weihnachtseinkäufe erledigen. Vor fast jedem Geschäft steht eine Gruppe Polizisten, und allgemein herrscht eine äußerst angespannte Atmosphäre. Im ersten Lockdownwinter weiß noch niemand so genau, was zu tun ist. Aus Angst vor Infektionen drücken sich die Menschen ihre Masken besonders eng an ihre Nasenwurzeln. Zudem ist man sichtlich bemüht, Nähe an den Kassen zu vermeiden, hinter denen verschreckte Verkäufer sitzen, die durch bizarre Plastikkonstruktionen abgeschirmt werden. Wer seinem Nebenmann zu nahe kommt, wird rüde zurechtgewiesen.

Im Hotel angekommen, betrete ich zugleich auch die gute alte Zeit, in der es all diesen Wahnsinn noch nicht gab. Hotelcrew, Filmteam und Talkgäste bilden eine spontane

Gemeinschaft, die sich den neuen Ritualen verweigert. Man gibt sich die Hand, umarmt sich und trägt keine Masken. Die soziale Interaktion macht sofort deutlich, dass man es mit Menschen zu tun hat, die resilient gegen die überzogenen Angstkampagnen der letzten Monate waren. Vom Zimmermädchen bis zum Philosophen reagiert diese äußerst heterogene Gruppe vollkommen anders als 90 Prozent der übrigen Menschen. Ein Außenstehender wäre damals vermutlich zu dem Schluss gekommen, dass es sich hier um einen besonders dummen Menschenschlag handeln muss. Wer trotz der Alarmierung durch Experten die lebensrettenden Hygieneanweisungen verweigerte, musste entweder lebensmüde oder minderbemittelt sein. Doch das Gegenteil war der Fall: In diesem Hotel hatte jeder Einzelne an irgendeinem Punkt der Krise verstanden, dass in einer hysterisierten und gleichgeschalteten Gesellschaft der Zugang zur Wahrheit eine Holschuld ist. Wenn eine Gesellschaft in die Massenbildung abgleitet, wird die Entwicklung einer echten Medienkompetenz zur Pflicht. Wer zur Zeit des Nationalsozialismus keine »Feindsender« hörte oder ausländische Zeitungen las, war der Propaganda des Nazi-Regimes hoffnungslos ausgeliefert. Dasselbe galt für Menschen in der DDR. Pauschal jede abweichende Information als Fake News und Feindpropaganda zu verorten, ist lediglich eine bequeme und feige Ausrede, um kognitive Dissonanzen zu vermeiden. Dies gilt insbesondere für Kriegs- und Krisenzeiten. Informationen zu sammeln und *selbst zu denken*, ist und bleibt mühsam, dennoch ist es der einzige Weg, vorsätzlicher Indoktrination zu entgehen. Den Umschlagpunkt einer freien in eine totalitäre Gesellschaft nicht mitzubekommen, oder aus Faulheit zu leugnen, ist hingegen nicht gerade ein Zeichen charakterlicher Reife. An irgendeinem Punkt dieses Prozesses gabelt sich der Weg. Die Majorität marschiert in den Totalitarismus, eine moralische und geistige Elite klärt die Lage für sich auf und leistet Widerstand.

Für alle totalitären Zeiten gilt: Wer mutig genug ist, die Wahrheit herauszufinden, wird ohne Weiteres fündig. Auch zu Beginn der Coronakrise gab es eine Fülle namhafter Experten, die dem offiziellen Narrativ widersprachen. Allein die Vehemenz und grobe Ungerechtigkeit, mit der gegen diese honorigen Stimmen vorgegangen wurde, hätte Zweifel an der offiziellen Erzählung wecken müssen. Zudem hätte es bei einer völlig nebenwirkungsfreien und zu hundert Prozent wirksamen Impfung gegen ein echtes Killervirus sicher keiner Kampagnen und Drohungen bedurft, um das Zeug tatsächlich loszuwerden.

Die Talkrunde aus der denkwürdigen Nacht in Dortmund sehen sich schlussendlich an die 100 000 Menschen an. Die Zuschauer gehören vermutlich zu jener Minorität, die die Weggabelung in Richtung Freiheit genommen hat. Die Dreharbeiten entpuppen sich später tatsächlich noch als heikel, denn die Lobby des Hotels lässt sich nicht vollständig gegen die Filmscheinwerfer abschirmen. Draußen patrouillieren fortwährend Polizeitrupps oder Vertreter des Ordnungsamtes. Schließlich bittet uns der Betreiber, unsere Aktivitäten in den hinteren Teil der Räumlichkeiten zu verlegen, um einer Anzeige zu entgehen. Die Atmosphäre in dem offiziell geschlossenen Hotel wäre eines Kriminromans à la Agatha Christie würdig gewesen. Unabgesprochen vermeidet die verschworene Gemeinschaft Lärm oder überflüssiges Licht, dennoch ist die Stimmung untereinander herzlich und gelöst. Man weiß einfach, dass man das Richtige tut.

Tief in der Nacht wache ich von einem unbekannten Geräusch auf. Das Hotelzimmer ist in ein merkwürdiges, blaues Licht getaucht. Ich schaue aus dem Fenster und sehe eine Szenerie wie aus einem dystopischen Film. Eine unendliche Kette von Polizeiautos hat sich vor dem Hotel aufgebaut. Noch etwas schlaftrunken denke ich, dies gilt unserer Gruppe. Erst auf den zweiten Blick erfasse ich die Situation: Am Königswall vor dem Hauptbahnhof ist eine riesige Straßensperre errichtet worden, jedes vorbeikommende Auto wird angehalten und auf den Parkplatz vor dem Hauptbahnhof umgeleitet. Dort finden strenge Personenkontrollen statt, die sinnlose und letzten Endes rechtswidrige Ausgangssperre wird scharf exekutiert. Die viel beschworene »wehrhafte Demokratie« hatte sich endgültig selbst verraten, indem die ausschließlich durch Lobbyisten informierten Politiker ihre Exekutivorgane auf mannigfaltige Weise missbrauchten. Inzwischen wollen Politiker diese vermutlich grundgesetzwidrigen Polizeieinsätze lieber vergessen, aber damals wurden Bürger, die keinen plausiblen Grund vorbringen konnten, unterwegs zu sein, gnadenlos angezeigt. Dasselbe galt für unbescholtene Bürger, die es wagten, auf einer Parkbank im Freien einen Kaffee zu trinken oder die mit ihren Liebsten Geburtstag feierten.

Wenige Monate nach diesem Erlebnis erschien mein zweites Hauptwerk meiner politischen Trilogie des Europa Verlags mit dem Titel *Vom Verlust der Freiheit*. Ursprünglich war das Werk als kritische Auseinandersetzung zu den freiheitsbedrohenden Themen Gender, Klima, Cancel Culture und Migration geplant, doch dann kam Corona. Es war mir gelungen, meinen Verleger davon zu überzeugen, die bestehende Konzeption zu ändern und die Coronakrise zum Hauptthema des Werkes zu machen. Selbstredend lädt mich Gunnar im Frühjahr 2021 zu einem Interview zur Buchpremiere ein, diesmal trifft sich die Filmcrew in einem geschlossenen Jazzklub in Berlin. Inzwischen haben sich alle an die konspirative Atmosphäre gewöhnt, sie sollte mir noch öfter begegnen. Wieder ist der Klub offiziell geschlossen, und wieder ist der Zugang verdunkelt. Auch an den bedrohlichen Polizeipatrouillen direkt vor der Lokalität hat sich nichts geändert.

Gunnars YouTube-Kanal war während der Krise ebenso rasant wie die Auflagen meiner Bücher gewachsen. Zwischen Gunnars und meiner Profession entwickelte sich eine gewisse Synergie, persönliche Sympathie war ohnehin vorhanden, und so schlägt sich die gute Stimmung in dem spontanen Interview nieder. »Vom Verlust der Freiheit – Raymond Unger im Gespräch« sahen sich wiederum über 100 000 Menschen an. Inzwischen erwähne ich Gunnar in meinen Büchern – im Gegenzug leistet er sich kleine Bonmots in seinen Videos, um auf meine Bücher hinzuweisen. Einmal betritt er die Szenerie zu einem Vortrag, und auf dem Tisch steht das aktuelle Buch von Richard David

Precht. Fast überrascht schaut er auf das Buch, hält kurz inne, stößt es um und ersetzt es durch *Vom Verlust der Freiheit*. Als sei die Welt danach wieder in Ordnung, nickt er zufrieden und beginnt mit seinem Vortrag.

Inzwischen geht die Coronakrise in das zweite Jahr, und mit uns kämpfen viele kompetente Aufklärer darum, die Fakten und Hintergründe aufzuklären. Zweierlei wird deutlich: Je länger die Krise anhält, desto erschreckender werden die Informationen über den geplanten Vorsatz des Geschehens. Zum anderen dämmert vielen Aufklärern, dass dieses Rennen um die Wahrheit zu sehr unfairen Bedingungen ausgetragen wird und dass es sich um einen Marathon handelt. Obgleich alle Informationen inzwischen offen zugänglich sind, werden Journalisten und Wissenschaftler, die darauf hinweisen, rigoros als gefährliche Verschwörer geframt. Man kann froh sein, »nur« öffentlich diffamiert zu werden, viele Aufklärer werden zudem auch strafrechtlich verfolgt. Die schärfsten Schwerter im Schrank der sogenannten Faktenchecker sind die Vorwürfe der Rechtsradikalität und des Antisemitismus. Ein falsches Wort oder ein leichtfertiger Vergleich bezüglich des Totalitarismus im Dritten Reich und man läuft Gefahr, mit dem Vorwurf der Volksverhetzung oder der Relativierung von Naziverbrechen konfrontiert zu werden. Juristisch sind derartige Absurditäten in der Regel nicht haltbar, ehrabschneidend und karrierevernichtend sind sie dennoch.

ÄRA MERKEL

Wo hat der Umschlag einer, wenn auch leidlich, so doch einigermaßen funktionierenden Demokratie eigentlich stattgefunden? Merkels Corona-Politik nebst persönlicher Nähe zum Duzfreund Bill Gates war ja lediglich der Gipfelpunkt einer Entwicklung, die bereits Jahre vorher eingesetzt hatte. Die Gründe für dieses »Vorher« hatten Gunnar und ich bereits lange vor Corona in den Blick genommen, und unser Wissen darum war die Basis unserer Verbindung. Mit der Kanzlerschaft Angela Merkels zog ein neuer Politikstil in den Reichstag ein. Mit populistischem Gespür und hypermoralischer Attitüde ließen sich politische Sachfragen überschreiben. Die mütterlich-schwarzpädagogische Drohung »wenn – dann« (»… ist das nicht mehr mein Land«) fruchtete in einer Gesellschaft, die nicht mehr wirklich erwachsen werden konnte. Der neue Duktus erlaubte ein strenges Durchregieren, notfalls auch gegen die originären Interessen der Bürger. Gesinnungsethik ersetzte Verantwortungsethik. Merkel sicherte sich Macht über moralische Phrasen, die dem grünen Zeitgeist entsprachen. Flankiert wurde das

Ganze durch eine vom selben Geist inspirierte Presse, die in »Mutti-Merkel« die lang ersehnte Heilung vom »Macho-Schröder« sehen wollte. Merkels Rolle als strenge, aber gerechte Mutter der Nation führte dazu, dass sich in ihrem Umfeld besonders dienstbare Geister aus der Babyboomer-Generation installierten. Dieser Typus übertrug die missbräuchlichen Muster aus der persönlichen Kindheit auf »Mutti-Merkel« und entwickelte eine für die Kanzlerin äußert nützliche Nibelungentreue.[37] Das vermutlich Fatalste der Ära Merkel war jedoch die schleichende Aufweichung einer echten Gewaltenteilung. Beide Spitzen ehemals verfassungsschützender Organe, das Bundesverfassungsgericht und der Verfassungsschutz, wurden mit neuen und besonders willfährigen Geistern besetzt.

Der besondere Babyboomer-Typus war aufgrund internalisierter Schuldgefühle für die Beschwörung großer Krisen sehr empfänglich. In *Die Wiedergutmacher* schrieb ich dazu:

> *»Als Angela Merkel im Streit mit ihrem Innenminister Horst Seehofer nach 13 Jahren Kanzlerschaft ernsthaft ins Wanken geriet, führen ihre Anhänger einen bemerkenswerten Verteidigungskampf. Hierbei tritt die Einseitigkeit der Leitprinzipien der Wiedergutmacher mit großer Klarheit hervor: Moral vor Recht, Legende vor Wahrheit, Feminismus vor Maskulinität, Konformität vor Charakter, Gesinnung vor Verantwortung, Bekenntnis vor Handlung, Selbstverleugnung vor Selbstbehauptung, Gefühl vor Ratio, Feigheit vor Mut.*

Spätestens in der Nacht vom 1. auf den 2. Juli 2018, als ein völlig derangierter Innenminister Horst Seehofer vor die Presse tritt und seinen Rücktritt kolportiert, ist klar – die Zeit der ›alten, weißen Männer‹ ist vorbei. Und mit ihnen endet auch das Zeitalter der alten weisen Männer. Die Konterfeis der politischen Charakterköpfe meiner Jugend hängen im Museum des Deutschen Doms am Gendarmenmarkt: Helmut Schmidt, Helmut Kohl, Richard von Weizsäcker, Willy Brandt, Herbert Wehner, Hans-Dietrich Genscher. Längst wurde der Staffelstab übernommen von den verletzten Söhnen und Töchtern der Republik. Kriegsenkelinnen und Kriegsenkel wie Claudia Roth, Andrea Nahles, Annalena Baerbock, Katja Kipping, Katrin Göring-Eckardt, Anton Hofreiter, Robert Habeck, Heiko Maas und Peter Altmaier bestimmen die Geschicke Deutschlands. Politik und Medien sind heute fest in den Händen der sogenannten ›Nebelkinder‹, deren einzige Gewissheit ein nebulöses und doch stetig präsentes Gefühl ist: Schuld. Seit ihrer Kindheit bewegt Nebelkinder eine einzige Frage: Wie mache ich alles, alles wieder gut?«[38]

Zwischen Politikern und Journalisten dieses Typus entstand schnell das, was der Kommunikationswissenschaftler Michael Meyen eine »Verantwortungsverschwörung« nennt. Die Medien verstehen sich fortan nicht mehr als vierte Gewalt, die den Regierenden auf die Finger klopft, sondern als Mitstreiter für die zweifellos richtigen »Rettungsprogramme«: Rettung Griechenlands, Rettung vor dem sicheren Strahlentod, Rettung der Flüchtlinge, Rettung des Weltklimas, Rettung vor dem Killervirus, Rettung der Ukraine. Die vornehmliche Aufgabe, den demokratisch ermittelten Willen des Volkes umzusetzen und zu respektieren, wurde durch eine linksgrüne Rettungs- und Notlagen-Ideologie ersetzt. Der tiefenpsychologisch schuldgeprägte und weltanschaulich materialistische Politikertypus hatte weder ein transzendentes Weltmodell, noch konnte er mit dem Begriff des »Volkes« etwas anfangen. Die Eidesformel »dem Wohle des deutschen Volkes zu dienen, seinen Nutzen mehren und Schaden von ihm wenden … so wahr mir Gott helfe« wich einer angst- und schuldgeprägten Ideologie zur Rettung der Welt. An die Stelle Gottes trat eine naive Wissenschaftsgläubigkeit, die seitens oligarchischer Kräfte spielend ausgenutzt werden konnte. Die maßlose Selbstüberschätzung der eigenen Wirkmächtigkeit sowie der mit Händen zu greifende Größenwahn sind notwendiger Bestandteil dieses Psychogramms und dienen der Stabilisierung eines narzisstischen Egos.

Aus dieser Hybris heraus ist das »Volk«, soweit es dieses überhaupt gibt, zu dumm, um den globalen Gefahren adäquat begegnen zu können. Angesichts einer viel zu trägen Demokratie erfordern die gefühlten Dauernotlagen den Bypass durch eine konspirative Gesetzgebung. Damit alles schneller und ohne lästige Debatten vonstattengeht, werden neue Gesetze von höchster Tragweite hinter nichtssagenden Titeln und in banalen Gesetzesvorhaben regelrecht versteckt und tief in der Nacht verabschiedet. Das Schlüsselwort für die neue konspirative Gesetzgebung lautet »Omnibusgesetz«, weil entscheidende Gesetze wie in einem

Bus versteckt werden, auf dem offiziell eine ganz andere Linie ausgewiesen wird. Als die Bürger im Zuge der Coronakrise versuchten, gegen die mannigfaltigen Entgleisungen der Demokratie zu klagen, bestand wenig Aussicht auf Erfolg:

»Legislative und Judikative sind unter Merkel derart verschmolzen, dass eine echte Gewaltenteilung aufgehoben wurde. Hunderte Bürgerklagen gegen diesen ungeheuerlichen Vorgang werden seitens des Bundesverfassungsgerichts unter Leitung des Merkel-Intimus Stephan Harbarth gar nicht erst bearbeitet. ›Gegen die ›einrichtungsbezogene Impfpflicht‹ in § 20a Infektionsschutzgesetz, […], sind bislang 210 Verfassungsbeschwerden von insgesamt 1153 Beschwerdeführern beim Bundesverfassungsgericht eingegangen. Bereits am 21. April 2022 waren hiervon bereits 171 (also über 80 Prozent) nicht zur Entscheidung angenommen worden. Diese Zahl wird seither beträchtlich gestiegen sein; es steht zu erwarten, dass fast alle im Zusammenhang mit der ein richtungsbezogenen Impfpflicht erhobenen Verfassungsbeschwerden gar nicht erst zur Entscheidung angenommen werden.‹ [Tichyseinblick.de, »Die Nichtannahme von Verfassungsbeschwerden kann niemand kontrollieren«, Dr. Ulrich Vosgerau, 27.04.2022]«[39]

Das für eine echte Demokratie unwürdige Vorgehen blieb der Presse natürlich nicht verborgen, doch inzwischen hatten sich Leitmedien und das politische Establishment zur besagten Verantwortungsverschwörung zusammengeschlossen. Hinter verhaltener Hand war man sich einig – die neuen »Gefahren« erforderten einen »kreativen« Umgang mit demokratischen Regeln. Wer hingegen den althergebrachten Umgang mit Demokratie anmahnte – offener Diskurs, Umsetzung des Wählerwillens und Kompromissbildung –, galt kurzerhand als Antidemokrat. Dabei war es völlig egal, ob diese Mahnungen von linker oder von rechter Seite kamen.

Wenn Politiker zu Ideologen mutieren und Journalisten zu Aktivisten, ist das Ende der freiheitlichen Grundordnung besiegelt – ebendies war für den Aufklärer Gunnar Kaiser sonnenklar. War der Philosoph womöglich ein Schwarzseher? Steckte er nach Jahren als investigativer Journalist in einem allzu negativen Realitätstunnel fest? Ich denke, an dieser Stelle ist es ratsam, die politischen Protagonisten des Geschehens selbst sprechen zu lassen. Glücklicherweise sind Dogmatiker ziemlich stolz auf ihre Haltung, im festen Glauben, das »einzig Richtige« zu tun, versteckt man sich nicht. Im Dienst für eine alternativlose Agenda liegen naturgemäß alle anderen falsch. Legitime Opposition gibt es für Ideologen nicht, andere Meinungen sind ja lediglich die Feinde des Guten und Wahren. Die Aussagen der derzeit führenden Politiker lassen diesbezüglich kaum Zweifel aufkommen, was in der Natur der Sache liegt – Ideologen sind blind für ihren eigenen Totalitarismus.

So erklärt der Bundespräsident aller Deutschen, Frank-Walter Steinmeier, fast ein Viertel seiner Landsleute im

Westen und ein Drittel im Osten kurzerhand zu Verbrechern, die keine »mildernden Umstände«[40] geltend machen können, sofern sie weiterhin die »falschen« Parteien wählen. Kein Bundespräsident hat das höchste Gebot seines Amtes – die Unparteilichkeit – so eklatant verletzt wie Frank-Walter Steinmeier. Bundeskanzler Olaf Scholz bezeichnet derweil Abermillionen Bundesbürger gar als »gefallene Engel aus der Hölle«[41], nur weil sie sich gegen Waffenlieferungen und für diplomatische Friedensverhandlungen mit Russland aussprechen. Unterdessen schreibt sich Bundeswirtschaftsminister Robert Habeck selbst alle Charaktereigenschaften zu, die normalerweise für totalitäre Ideologen typisch sind: völlige Verschmelzung mit einer Aufgabe – ohne den allergeringsten Zweifel.

> *»Im ›Zeit‹-Interview erklärte der Grünen-Minister jetzt: ›Das, was ich im Moment mache, ist das Beste, was ich in meinem bisherigen politischen Leben gemacht habe.‹ Er sei ›stolz darauf‹. Habeck weiter: ›Es gibt null Hadern, null Zaudern, null Bedauern, gar nichts. Ich bin ganz verschmolzen mit der Aufgabe, die ich im Moment habe.‹«*[42]

Von einem reifen und verantwortungsvollen Politiker wird allgemein das Gegenteil erwartet. Persönliche Identifizierung oder gar Stolz sind für den »Dienst zum Wohle des Volkes« eher hinderlich. Demokratische Grundvoraussetzung ist zudem die Fähigkeit zu einer gesunden Selbstinfragestellung. Nur wer offen für andere Meinungen ist, kann sich ausgewogen beraten lassen, Alternativen entwickeln und Kompromisse finden. »Null Hadern, null Zaudern und null Bedauern« klingt hingegen nicht gerade demokratisch, sondern eher nach der Selbstgerechtigkeit eines Überzeugungstäters. Dabei beziehen sich Habecks Aussagen inhaltlich auf Maßnahmen, die in der alten Bundesrepublik als grober Übergriff des Staates gegen freie Bürger gegolten hätten. Helmut Kohl oder Helmut Schmidt wäre es grotesk vorgekommen, den Bürgern vorschreiben zu wollen, wie sie zu reden haben, wie lange man duschen soll, was es zu essen gibt, welches Auto man fahren darf oder welche Heizung man einbauen muss. Dass darüber hinaus die kompromisslose Umsetzung von Energiewende, Russland-Sanktionen und Migrationspolitik das Ende des Wirtschaftsstandorts Deutschland besiegeln und damit ins soziale Elend führen, will der neue Politikertypus gar nicht mehr diskutieren, denn – richtig ist eben richtig.

> *»Da kommt schon ein bisschen was zusammen. Aber das ist nicht das, was Deutschland diskutieren wird und auch tragen wird und wird tragen müssen im nächsten Jahr.«*[43]

Natürlich muss man den ideologisch motivierten Protagonisten in Politik und Medien zugutehalten, dass es prinzipiell möglich ist, in bester Absicht und ohne bösen Vorsatz totalitär zu handeln – was die Sache verständlicher, aber nicht besser macht. Der Philosoph und Kolumnist der *Berliner Zeitung* Dr. Michael Andrick führt in seinem Vortrag »Der Totalitarismus baut sich seinen Staat« das Dilemma aus:

»Man kann im Prinzip an der Umsetzung eines Programms mitwirken, das auf totale Herrschaft hinausläuft, das also totalitaristisch ist, ohne sich dessen bewusst zu sein. Und hier wird's dann bitterernst: Es ist sehr wohl möglich, totalitäre Politik zu betreiben, ohne ein Totalitarist zu sein. Und wenn das möglich ist, dann haben alle, die als Demokraten auf dem Boden des Grundgesetzes stehen, ein gemeinsames Interesse, nämlich: Erstens darauf zu achten, ob es in der aktuellen Kultur totalitäre Tendenzen gibt und in der aktuellen Politik totalitäre Praktiken. Und zweitens dann, diese Tendenzen und Praktiken vollkommen offen anzusprechen. Aber – in einer bestimmten Form, nämlich: ›Sie tun da x in der Absicht, y zu erreichen‹, also für y setzen Sie das Gute, Schöne und Rechte ein, in irgendeiner Ausprägung, ›tatsächlich aber tragen Sie damit dazu bei, einer totalitären Politik als Gefolgschaft zu dienen. Lassen Sie mich das erklären‹ […] ›Faktenchecker‹ arbeiten mit einem philosophisch naiven Begriff von Faktum. *Für sie sind die Ausdrücke Faktum und Wahrheit gleichbedeutend, und sie möchten gern die Wahrheit gegen die Fälschungen böser Fälscher verteidigen, und das nehme ich ihnen auch gar nicht übel. Aber es beruht eben auf einer naiven Grundansicht.«*

Michael Andrick weist dann nach, dass Fakten weder stabil noch kontextfrei sind. Fakten werden »gemacht« und haben nichts mit »der Wahrheit« zu tun. Das lateinische Wort »Fakta« bezieht sich auf Dinge, die »getan oder hergestellt wurden«. Sogenannte Fakten entstehen erst durch die

Zuschreibung von Begriffen, die aus einer bestimmten Perspektive und Interessenlage einem Ereignis zugeordnet werden. In der politischen Debatte wird jedoch stets so getan, als seien Fakten, insbesondere wissenschaftliche, unverrückbare Wahrheiten. Jedes totalitäre System lebt davon, die medialen Fakten über eine Art Wahrheitsministerium zu kontrollieren. Das entscheidende Instrument gegen dieses Wahrheitsmonopol war einstmals die vierte Gewalt in Form einer freien und kritischen Presse. Ebendies wurde durch die von Michael Meyen beschriebene »Verantwortungsverschwörung«, dem Schulterschluss zwischen Presse und Regierung, verunmöglicht.

MEINE GRENZE

Im November 2021 treffe ich Gunnar in einem alten Schloss nahe Halle, in dem er mit Team und Entourage logiert. Inzwischen hat er ein enormes Programm abzuarbeiten, drei bis vier Interviews pro Tag stehen auf dem Drehplan. Seit Frühjahr 2021 habe ich Gunnar nicht mehr gesehen, wir begrüßen uns herzlich, und ich bemerke sofort – etwas hat sich verändert. Gunnar wirkt müde und ungewöhnlich dünn, die sonst strahlenden Augen sind trübe. Zunächst schiebe ich meine Wahrnehmung auf das stramme Programm, unser Interview ist bereits das dritte an diesem Tag. Längst kann Gunnar bei diesem Tempo nicht mehr die intensive Vorbereitung leisten wie früher, angestrengt, aber dennoch professionell absolviert er das Interview: »Das Impfbuch – Raymond Unger im Gespräch über Risiken und Nebenwirkungen der mRNA-Technologie«. Mittlerweile ist *Kaiser TV* von der sogenannten Demonetarisierung betroffen. Diese Strafe wird über unbotmäßige Kanäle verhängt, die gegen die YouTube-Richtlinien verstoßen. Angebliche »Falschinformationen« zur »sicheren und hochwirksamen Impfung« oder der »ausschließlich anthropogen bedingten Klimaerwärmung« werden nicht mehr geduldet.

Aufgrund der Strafaktion können über Werbeanzeigen keine Einnahmen mehr generiert werden, dem kleinen Medienunternehmen fehlen bis zu 10 000 Euro pro Monat. Damit nicht genug, noch eine weitere Verwarnung, einen sogenannten Strike, und dem Kanal droht dasselbe Schicksal wie *Ken FM*. Der überaus erfolgreiche Kanal von Kayvan Soufi-Siavash wurde von einem Tag auf den anderen existenzvernichtend und unwiederbringlich gelöscht. Aus Verantwortung für sein Team entscheidet sich Gunnar für Selbstzensur. Unser Gespräch wird daher nur in kurzen Auszügen auf YouTube erscheinen, ungeachtet dessen interessieren sich 120 000 Menschen für den Inhalt.

Am Abend nach Drehschluss gibt es ein gemeinsames Essen für Crew und Talkgäste. Etwa 25 Personen sitzen in einem großen Raum an langen Tischen, es gibt Lasagne und Salat. Gunnar sitzt mir direkt gegenüber und hat eine dicke Daunenjacke an. Die Jacke wäre auch vorzüglich für eine Gletscherexpedition geeignet gewesen, trotzdem ist ihm in diesem gut beheizten Raum kalt. Auf dem Teller liegt eine kleine Portion Lasagne, von der er kleinste Stücke zum Munde führt. Das Kauen dauert endlos lange, und das Schlucken geht fast gar nicht mehr. »Ich kriege einfach nichts mehr runter, dabei habe ich großen Hunger«, gibt mir Gunnar zu verstehen. Nach einer guten halben Stunde hat die Mehrheit das Essen beendet. Gunnar kämpft immer noch mit seiner Miniportion, irgendwann sitzen wir nur noch zu zweit im großen Esszimmer. Aufgrund meiner medizinischen Kenntnisse drängt sich mir ein diagnostischer Verdacht auf: Kachexie, tiefe Nasolabialfalten, anämische Haut, Unterkühlung und Schluckbeschwerden deuten auf eine ernste Erkrankung hin, ich tippe auf Speiseröhren- oder Magenkrebs. Inzwischen reden wir recht persönlich, und so äußere ich meine Befürchtung. Gunnar reagiert ausweichend, aber nicht wirklich überrascht. Ja, es stimme schon, da müsse wohl mal jemand nachschauen, aber momentan sei er einfach unabkömmlich. In wenigen Wochen habe er jedoch wieder eine Lücke, dann würde er vermutlich mal zum Arzt gehen. Ich erkläre mit Nachdruck, dass dieses »Später« fatal sein könnte, da es bei dieser Krankheit auf rechtzeitiges Eingreifen ankäme. Widerwillig gibt er dies zu, wenn auch mit dem trotzigen Kommentar, »ich habe gedacht, es ist von allein gekommen, dann wird es auch wieder von allein gehen«.

Unser Gespräch vom November 2021 bleibt nicht ohne Folgen. Gunnar geht tatsächlich zum Arzt, und kurze Zeit später veröffentlicht er das denkwürdige Video mit dem Titel »Meine Grenze ist erreicht!«, das weit über 200 000 Zuschauer erreichen wird.

Für mich ist das Video der Schlüssel, um den Grundkonflikt aller Aufklärer zu verstehen. Eine neue Botschaft kann ja immer nur insoweit integriert werden, wie die Essenz als innerpsychische Ahnung bereits angelegt war. Angesichts des Bestätigungsfehlers, eines Begriffs aus der Kognitionspsychologie, der besagt, dass unreife Individuen ausschließlich Informationen zulassen können, die ihre eigenen Erwartungen bestätigen, sind nur reife Menschen überhaupt in der Lage, ihren Horizont zu erweitern. Damit schließt sich die Frage an, ob Aufklärungsarbeit überhaupt möglich und sinnvoll ist. Und eine Verneinung dieser Frage bedeutet für Intellektuelle auch, den schrecklichsten Gesellschaftsentwicklungen machtlos zusehen zu müssen. Letzteres macht krank. Obgleich das gesprochene Wort eines Transkripts immer etwas mühsam zu lesen ist, gebe ich hier einen Großteil des Videos von Gunnar Kaiser wieder:

> *»[…] Gut. Wo ist deine rote Linie und was tust du, wenn sie überschritten wird? Jetzt ist die Situation so, dass ich mich fragen muss, was tust du, wenn sie immer weitermachen? Wenn sie nicht aufhören, auf deiner roten Linie herumzutrampeln? Dann wird das nämlich etwas sehr Persönliches, und das ist doch etwas, was ich denen da oben und den Menschen, die das mitmachen, die das abnicken, persönlich übelnehme. Und da, glaube ich, kommt man auch an seine Grenzen. Ich komme an meine Grenzen. Ich komme physisch an meine Grenzen, ich komme psychisch an meine Grenzen und kann so nicht weitermachen. Das ist eine Einsicht, der man sich nicht verschließen darf, die man auch für sich selber akzeptieren muss. Ich kann nicht mehr weitermachen, meine Grenze ist erreicht. Und ja, in erster Linie ist es eine intellektuelle Grenze, die da erreicht wurde, die nämlich immer wieder unterschritten wurde. Das intellektuelle Niveau hier – so tief kann man ja gar nicht sinken, dazu fällt einem nichts mehr ein, wie Hannah Arendt gesagt hat. Der Versuch,*

der intellektuelle Versuch, diesen Wahnsinn immer weiter nachvollziehen zu wollen, immer wieder in die Logik dieses Narratives abzutauchen, der macht einen ja selber wahnsinnig und verrückt, und da ist meine Grenze offenbar erreicht.

Man muss es feststellen, dass das Narrativ auf Sand gebaut ist. Dass es eigentlich schon kollabiert ist. Und man ist trotzdem so verzweifelt darüber, dass das nicht eingesehen wird. Im Gegenteil, dass der Wahnsinn immer weitergeht. Dass die Politiker immer weiter regieren, beruht auf der Denkfaulheit und dem Ruhebedürfnis der Menschen und auf ihrer Blindheit und Naivität, auf ihrer selbstverschuldeten Unmündigkeit. Das ist diese zweite Grenze, den Wahnsinn verstehen zu wollen. Dann kommt man irgendwann an seine Grenzen und kommt auch an die Grenzen seiner Handlungsoptionen.

Was soll man denn noch tun? Was soll man denn noch sagen? Was soll man denn noch aufklären? Mit wem soll man denn noch sprechen? Welche Form von Rhetorik soll man denn noch anschlagen, bis sich vielleicht mal etwas bewegt, bis die Leute vielleicht mal zum Nachdenken kommen, wohin wir hier schlittern? Die Handlungsoptionen gehen einem flöten, und auch ganz praktisch: Wo kann man hin? Wie soll man leben? Will man leben in dieser Welt? Sollen die eigenen Kinder in dieser Welt aufwachsen, die eine totalitäre, digitale Gesundheitstechnokratie sein wird? Wo Menschen sich ihre Freiheit erimpfen müssen, erboostern müssen, alle sechs Monate? Und wo die Menschen das offensichtlich in Ordnung finden? Wo sie sich damit abfinden, dass das jetzt auf einmal so ist? Welche Handlungsoptionen hat man da noch? Soll man auswandern? Wohin soll man auswandern? Soll man Refugien gründen? Wie könnten diese aussehen? Wie viel Macht haben wir eigentlich noch über unsere eigenen Lebensverhältnisse? Wie viel Selbstbestimmung? Wie viel Freiheit? Das wird immer weniger und es wird nicht nur für die Regierungskritiker und die Impfunwilligen weniger, es wird auch für alle anderen weniger.

Und die dritte Grenze ist eben die ganz persönliche, die daraus folgt, das einsehen zu müssen und sich in dieser Ohnmacht zu befinden. Das macht mich psychisch fertig und es macht mich physisch fertig, und da komme ich gesundheitlich an meine Grenze, wo ich abwägen muss zwischen: Ist es egoistisch, jetzt auf sich zu gucken und auch auf seine eigene Gesundheit? Auf sein eigenes Ruhebedürfnis und auch sein Bedürfnis nach mentaler Gesundheit? Oder muss man sich weiter aufopfern für eine Gesellschaft, die offenbar das Opfer gar nicht will und vielleicht auch nicht verdient hat, um das mal so pathetisch auszudrücken.

Und wenn man an dieser Grenze ist, dann ist das, glaube ich, ein großer Gewinn. Da steckt dann auch ein großer Erkenntnisfortschritt drin, weil man sich auf einmal vergegenwärtigen kann, was man daraus lernen kann. Es steht hier ein sehr großer Unwille im Raum, in der Gesellschaft, sich überhaupt mit diesen Dingen zu beschäftigen, überhaupt sich seines Verstandes zu bedienen. Eine selbstverschuldete Unmündigkeit. Und es ist auch eine große

Passivität da, ein Schweigen, eine Ignoranz, eine Gleichgültigkeit, auch gegenüber dem Bösen, das passiert. Nicht hinzugucken, was ebendieses politische Handeln und Abnicken der Menschen alles für Katastrophen nach sich zieht. Gerade auch für die Schwachen der Gesellschaft. Aber es gibt auch aktiv ein Bestreben danach, die Spaltung der Gesellschaft zu bestärken, da mitzumachen. Und es gibt aktiv Hetze, Ausgrenzung, Verächtlichmachen, ein Verharmlosen der Regierungskritik, Verharmlosung von Kindesleid. Und bei diesem aktiven Umsetzen helfen Leute, die auch davon profitieren.

Und zu merken, da sind Leute, Feinde der offenen Gesellschaft, gegen die ich offensichtlich derzeit ohnmächtig bin. Was kann ich dann von diesen Feinden lernen? Denn man sagt ja, dein Feind ist eigentlich dein bester Lehrer, ja die Feindesliebe ist dann vielleicht das, was eigentlich die Nächstenliebe ist, weil sie uns dazu bringt, aus der Situation zu lernen, aus der eigenen Ohnmacht zu lernen. Ja, und dann sind das so Leute, ich werde sie gar nicht alle nennen, aber gerade auf der intellektuellen Seite, was mich so besonders stört, wenn sich ein Richard David Precht, ein Markus Gabriel, ein Harald Welzer, ein Wolfram Henn oder auch ein Wolf Biermann, wenn sich diese Menschen so verächtlich äußern über die Freiheit und Selbstbestimmung einer offenen Gesellschaft, dann muss ich das auch irgendwann erkennen als etwas, woraus ich lernen muss.

Und auch die Verrenkungen, die dort intellektuell betrieben werden, um diese neue Normalität als selbstverständ-

lich darzustellen oder uns schmackhaft zu machen, sind ja intellektuell nicht mehr nachzuvollziehen. Zwei Jahre liegen zwischen ›zwei Wochen bis die Kurve abgeflacht ist‹ und irgendeinem ›R-Wert‹, bis zu ›wir wollen eine Impfpflicht und unsere Gegner sind Mörder‹ – wie es jetzt Rod Stewart gesagt hat. Oder Impfgegner sollen zu Hause eingesperrt sein, und wie sie ihr Essen bekommen, das soll ihre Sache sein, wie es Noam Chomsky gesagt hat. Zwei Jahre, nicht mal, stehen zwischen diesen beiden Aussagen. Und dann muss man sich vergegenwärtigen, es wird vielleicht nie ganz zu verstehen sein. Dieser Wahnsinn ist nicht zu verstehen. Meine Versuche, das intellektuell nachzuvollziehen, uns in diese Argumente zu begeben, immer wieder zur Diskussion aufzurufen, sind zum Scheitern verurteilt, und wir stehen vor einem riesigen Rätsel. Das Rätsel ist nicht, dass wir nicht das Narrativ erkennen können, wo es falsch ist und wo es auf Sand gebaut ist, sondern das Rätsel ist, warum trotzdem weitergemacht wird. Dieses Rätsel können wir nicht lösen. Und darin steckt vielleicht eine Einsicht, dass wir, also die Politik und die Mehrheitsgesellschaft, hier gegen jede Vernunft, gegen jede Logik, gegen jede Wissenschaftlichkeit, gegen den gesunden Menschenverstand handeln, auch gegen Fakten und Studien und nicht zuletzt gegen die Moral, gegen die Werte einer offenen Gesellschaft und gegen die Menschenwürde – vom Grundgesetz mal ganz abgesehen. Und dass das möglich ist in unserer Gesellschaft, ist so ein großes Rätsel, dass ich für mich selber erkennen muss – ich kann das nicht lösen, das ist größer als ich. Ich kann es schon gar nicht allein ändern, aber ich kann dieses Rätsel auch nicht lösen. Ich verstehe das nicht – und darin, in der Anerkennung dieser kognitiven und mentalen Grenze, liegt, glaube ich, auch ein Schritt zur Heilung, der vielleicht nicht nur mir zugutekommen könnte, sondern wirklich allen, die vor dieser gleichen Situation stehen, die ich jetzt hier gerade schildere. Wenn ihr euch eben an den Kopf fasst, wenn ihr schon Kopfschmerzen habt vor lauter Kopfschütteln, dann könnten wir vielleicht dazu übergehen zu sagen: Dieses Rätsel ist so groß, dass wir uns eingestehen müssen, dass wir kleiner sind und dass wir hier auch unsere eigenen Grenzen respektieren müssen. Und erst wenn wir diese Grenzen respektiert haben, können wir diesen Konflikt lösen.

Und inzwischen kümmere ich mich jetzt nur noch um mich? Geht es mir jetzt wirklich nur noch um mich, weil offensichtlich alles zwecklos ist, alles sinnlos ist, die ganze Energie vollkommen verpufft ist, weil die Menschen das offensichtlich nicht sehen wollen? Und auf der anderen Seite aber mache ich trotzdem weiter und opfere mich auf und gehe in eine Art Realitätsverweigerungshaltung, um zwischen diesen beiden Polen zu vermitteln und zu erkennen: Ich werde dieses Rätsel nicht lösen. Das bedeutet, ich muss meine eigenen Grenzen respektieren, die meiner physischen Gesundheit und meiner psychischen Gesundheit, weil das diejenigen sind, auf die es letztendlich ankommt. Wenn andere Menschen, wenn die Politik schon meine Grenzen nicht respektiert, dann muss ich es doch sein, der das tut.

Ich schlage vor, das zu tun, weil auch darin etwas nicht Egoistisches, sondern etwas Vorbildhaftes stecken kann, weil andere im kleinen Bereich sehen können: Hier ist jemand, der auf sich selbst achtet. Hier ist jemand, der auf seine Gesundheit achtet. Und wie sollen wir eine gesunde Gesellschaft haben können, wenn sie nicht vor allem aus Menschen besteht, die auf ihre eigene Gesundheit achten, die mehr ist als nur die Abwesenheit eines positiven Tests. Die mehr ist als Abwesenheit von Krankheit, sondern die Lebendigkeit ist, Spontanität, die Resonanz-Erfahrung ist und die im Wesentlichen zur Grundlage hat, dass wir frei sein können und selbstbestimmt.
Das war's für heute bei Kaiser TV. Ich hoffe es hat euch vielleicht etwas gebracht, auch die eigenen Grenzen anzuerkennen, und bis dahin wünsche ich guten Mut, gute Nacht und viel Glück.«[44]

ENTTÄUSCHUNG

Der Beitrag »Meine Grenze ist erreicht« wird Gunnar Kaisers tatsächlicher Intellektualität kaum gerecht. Das Video entsteht auf dem Kulminationspunkt seiner Karriere und ist zugleich Zeugnis einer tragischen Dekompensation. Zuvor hatte der Philosoph über viele Jahre eine große Selbstausbeutung betrieben. Der empfundene Lehrauftrag lautete, das Bewusstsein für den hohen Wert einer freien Gesellschaft zu fördern. Die Reihe der Interviewpartner, aber auch die vielen zitierten Denker lassen unschwer eine liberale Aufklärungsarbeit erkennen, die, wie bereits erwähnt, lange vor Corona begann. Doch nach aller Mühsal dieser wichtigen Arbeit muss der hoch motivierte Aufklärer schließlich erkennen, dass unter dem Coronanarrativ alle freiheitlichen Grundlagen im Handstreich einkassiert werden konnten. Der liberale Humus der westlichen Gesellschaft stellte sich als außerordentlich dünn heraus, ein kurzer Starkregen neuer Angstnarrative hatte ihn mühelos hinweggeschwemmt. Insbesondere das Versagen jener Institutionen, die als Garant und Wächter demokratischer

Freiheit galten – freie Wissenschaften, freie Medien und freie Künste –, hatten auf ganzer Linie versagt. Mehr noch, ausgerechnet viele Intellektuelle stellten sich in die erste Reihe des neuen Totalitarismus:

»Diese persönlichen Enttäuschungen haben mich aber doch am meisten beschäftigt. Ich habe darüber länger – auch öffentlich – nachgedacht, was das mit mir selbst zu tun hat. Diese Enttäuschung ist offensichtlich die Wirkung einer Täuschung oder einer Erwartung, die ich von anderen hatte. Abstrakt gesagt, war es die Rolle der Intellektuellen, die mich frappiert hat. Dass es dort eben keine deutlichen Stellungnahmen gegen das Narrativ gab. Nicht nur gegen das Narrativ, sondern gegen die Verengung der Debattenräume.

Als Intellektueller muss man nicht unbedingt auf der anderen Seite sein. Es würde aber schon helfen, weil die andere Seite der Macht meistens unabhängig ist und einen besseren und klareren Zugang zur Wahrheit hat. Aber das muss ja nicht automatisch so sein. Es ist doch die Pflicht des Intellektuellen, für eine offene Gesellschaft zu plädieren. Zu merken, wo Menschen ausgegrenzt werden, wo Meinungen verboten, wo Menschen mundtot gemacht werden. Das haben wir nicht nur in den letzten zweieinhalb Jahren gesehen. Dass das überhaupt nicht passiert ist, hat mich wirklich bestürzt. Ich habe mich gefragt, ob ich eine vollkommen falsche Sicht auf die Intellektuellen hatte. Ich habe mir gedacht: Im Notfall werden sich diese Menschen bestimmt nicht vor den Karren spannen lassen,

beziehungsweise höchstens vor den Karren der Freiheit. Sie werden diese Sichtweise in den Fokus rücken, die bewusst ausgeblendet wird. Oder nur aus Versehen ausgeblendet wird, vielleicht aus einem Systemfehler heraus. Hatte ich da die falsche Sicht auf den intellektuellen Diskurs und auf die Rolle des Intellektuellen?
Ich möchte noch nicht ganz Abschied davon nehmen zu sagen, ›ach der Intellektuelle war eh immer nur eine Witzfigur der Geschichte, die sich angemaßt hat, besser über das Leben der Menschen Bescheid zu wissen als sie selber‹. Das war tatsächlich sehr oft der Fall. Ich halte immer noch dieses Ideal hoch. Meine Enttäuschung ging dann dazu über, zu fordern: Wir brauchen einfach bessere und unabhängige Intellektuelle, deren natürlicher Wohnraum nicht der Enddarm der Regierung ist.«[45]

Gunnars Bitterkeit bestand in der Feststellung, dass die intensive Aufklärung nach 1945 bezüglich der bösartigen Ausgrenzung von Teilen der Gesellschaft, in der Regierung, Medien und Bürger Jagd auf »Schuldige« machten, nur wenig gefruchtet hatte. Insbesondere die leichtfertige Aufkündigung der ethischen Wertebasis, die die Grundlage der unveräußerlichen Menschenrechte begründet, machte Gunnar zu schaffen. Hierbei galt die Regel, dass der Staat niemals Menschenleben als wertvoller oder unwerter gegeneinander aufrechnen darf. Selbst bei Szenarien, bei denen wenige Menschen geopfert werden müssen, um eine höhere Anzahl Menschenleben zu retten, galt das absolute Tötungsverbot. Berühmt wurde das von Ferdinand von

Schirach beschriebene Gedankenexperiment »Terror«, bei dem der Luftwaffenmajor Lars Koch ein Passagierflugzeug mit 164 Menschen an Bord abschießt, weil die Maschine Kurs auf die Allianz-Arena in München genommen hatte, wo 70 000 Menschen zu Tode gekommen wären. Der Rechtsanwalt Ralf Ludwig führt das entsprechende Urteil des Bundesverfassungsgerichts zu einer derartigen Abwägungsentscheidung aus:

> *»Das Bundesverfassungsgericht hat dann das Folgende gesagt – und lassen Sie mal die letzten drei Jahre Revue passieren und hören Sie sich diese Worte an: ›Sie werden dadurch, dass ihre Tötung als Mittel zur Rettung anderer benutzt wird, verdinglicht und zugleich entrechtlicht, indem über ihr Leben von Staats wegen einseitig verfügt wird. Den als Opfern selbstschutzbedürftigen Flugzeuginsassen wird der Wert abgesprochen, der dem Menschen um seiner selbst willen zukommt.‹ Und das Bundesverfassungsgericht führt weiter aus, unter der Geltung des Artikel 1 Absatz 1 Grundgesetz Menschenwürdegarantie, ›ist es schlechterdings unvorstellbar, auf der Grundlage einer gesetzlichen Ermächtigung unschuldige Menschen, die sich in einer derart hilflosen Lage befinden, vorsätzlich zu töten‹. Das ist die Grundlage unserer westlichen Demokratie, unseres westlichen Werteverständnisses – der Staat tötet keine Menschen – auch nicht, um andere Menschen zu retten.«*[46]

Die Berater der Bundesregierung argumentierten zwecks Durchsetzung der Massenimpfung jedoch diametral entgegengesetzt: Obgleich nicht abgestritten wurde, dass man mit einer Massen- oder gar Zwangsimpfung eine unbestimmte Anzahl von Menschen töten würde, behauptete man, die Maßnahme würde im Gegenzug eine weitaus größere Menschenmenge vor dem »Killervirus« retten. Nach heutigem Stand des Wissens ist es mehr als umstritten, dass diese Rechnung jemals aufging. Doch was noch weitaus wichtiger ist: Die Argumentation »wenige gegen ihren Willen töten, um eine Mehrheit zu retten« war ethisch schlichtweg unzulässig.

Angesichts der Missachtung aller Werte, die die freiheitliche Gesellschaft einstmals ausgemacht hatten, strotzt Gunnars unter hoher Emotionalität und in freier Rede vorgetragener Beitrag »Meine Grenze ist erreicht« vor Enttäuschung, Resignation und Erschöpfung. Wie ein Kreisel dreht sich seine spontane Rechtfertigungs- und Enttäuschungsrede um die Begriffe »Grenze«, »Grenzziehung« und »Abgrenzung«. Mühsam und nur angesichts großer Ratlosigkeit und Erschöpfung leitet sich der Sprecher die Erlaubnis zu einer persönlichen Auszeit ab. Der tiefgründige moralische Anspruch an sich selbst lässt sich besser verstehen, wenn man auch das viele Monate später aufgezeichnete Video »Habe ich genug getan?« gesehen hat. Beide Beiträge rahmen das Erfassen des persönlichen Schicksals vom ersten Erahnen des Unheils bis zur finalen Gewissheit des nahen Todes ein – ich komme darauf zurück.

Nach meiner Auffassung ist der berührende Stegreif-

Vortrag der Schlüssel, um Gunnar Kaisers nachfolgende Krebserkrankung zu verstehen. Natürlich ist der Kausalzusammenhang zwischen aufopfernder Corona-Aufklärung und Krebserkrankung nicht beweisbar. Es wäre ebenso gut möglich gewesen, dass Gunnar Kaiser diese schwere Erkrankung auch während seiner vergleichsweise ruhigen Beamtenkarriere entwickelt hätte – niemand kann dies mit Sicherheit sagen. Als ehemals ganzheitlicher Therapeut empfinde ich meine These allerdings nicht als besonders steil. Seelische Konflikte, Sinnkrisen und tiefe Erschöpfung sind aus dieser Perspektive seit jeher an der Genese von Krebs- und Autoimmunerkrankungen beteiligt. Zudem sollte man Gunnars eigene Aussagen für diese Kausalität schlichtweg respektieren – nicht zuletzt stellte er selbst diesen Zusammenhang her. Außerdem möchte ich an dieser Stelle an die gut erforschte immunsuppressive Wirkung erinnern, die grobe Ausgrenzung und Abwertung mit sich bringen. Kaum hatte Gunnar Kaiser die Segnungen unbelasteter Popularität als Romanautor genossen, da wurde er schon als »rechtsoffener Schwurbler« diffamiert. Dass sich der große Aufklärer darüber hinaus »wie von außen vergiftet« fühlte, wird er mir Monate später am Genfer See noch gestehen.

Wer tiefer in die Chronologie der Ereignisse eintaucht, stellt fest, dass Gunnar Kaiser nach der Verarbeitung seiner Enttäuschung ein neues Erklärungsmodell für die Geschehnisse entwickelt. Beeinflusst von dem Naturphilosophen Jochen Kirchhoff sowie dem amerikanischen Dramaturgen CJ Hopkins – mit beiden führte er mehrere Interviews –, konzentriert sich Gunnar auf das Phänomen der Massenbildung. Zu seinem eigentlichen Vermächtnis zähle ich daher sein vorletztes Buch *Der Kult*. Darin beschreibt er den Untergang der liberalen Gesellschaft, da diese in eine totalitäre Ersatzreligion abgleitet, die in ihrer hypnotischen Massenwirkung weitaus mächtiger ist als jede intellektuelle Aufklärung:

> *»[…] müssen wir der Erkenntnis ins Auge sehen, dass immer nur einige wenige immun bleiben, die Entwicklungen dokumentieren, frühzeitig vor dem Schlimmsten warnen und auf ihre je eigene Art Widerstand leisten, dafür mit Ausschluss, Missachtung, Haft oder Tod bestraft und ein paar Generationen später zu Helden erklärt werden, denen man Denkmäler baut, um ihr Andenken, im nächsten Totalitarismus, getrost wieder zu vergessen?«*[47]

Eine zentrale Feststellung in den letzten Videos von Gunnar ist seine intellektuelle Machtlosigkeit. Fast verblüfft gesteht er zu, dass die Welt da draußen anders zu funktionieren scheint als in seinem Kopf, in dem er sich den Zugang zur Wirklichkeit vorwiegend denkend erschließt. Nun ist es jedoch leider so, dass ein Großteil der Menschen weniger denkt als fühlt, ja, mehr noch, dass zudem vollkommen andere Dynamiken greifen, wenn es um große Menschenmassen geht. In *Der Kult* formuliert Gunnar Kaiser aus, dass der Mensch von zumeist unbewussten Ängsten und Bedürfnissen getrieben wird, die sich letztendlich als Angst vor dem Tod und dem Bedürfnis nach Transzendenz eines diffusen Schuldgefühls bemerkbar machen. Da diese Ängste in einer materiellen und säkularen Gesellschaft keinerlei Beruhigung über religiöse Sinnkonzepte und Rituale erfahren, entwickeln sich Ersatzkulte, die alle Merkmale einer Religion tragen: Symbole der Gemeinsamkeit (Maskentragen, Lastenfahrräder benutzen), rituelle Handlungen (Desinfektion, Ökostrom bestellen), neue Heilige (Christian Drosten, Greta Thunberg), Buße und Ablasshandel (Veganismus, freiwillige Isolation, CO_2-Einsparungen) und die Jagd nach Ketzern (Ungeimpfte, Klimaleugner), kennzeichnen das Pandemie- und Klimanarrativ. Was anfangs absurd bis amüsant klingt, wird jedoch keineswegs lustig, sobald über weitere kollektive Faktoren die sogenannte Massenbildung einsetzt. Spätestens hier endet jede Freiheit. Wer es jetzt noch wagt, dem »Kult« zu widersprechen, läuft ernsthaft Gefahr, geschädigt, verfolgt und final sogar getötet zu werden. Sofern man den psychologischen Mechanismus zur Massenformation kennt und über eine entsprechende Medienmacht verfügt, kann man das Phänomen bewusst induzieren, um sich politische Macht zu sichern. Der deutsche Journalist und Autor Milosz Matuschek bringt die Technik auf den Punkt:

> »*Wenn es eine Lehre aus den letzten drei Jahren der pandemischen Machtergreifung gibt, dann folgende: Es ist möglich, einer Masse von Menschen die Vorstellung einer neuen Realität zu vermitteln und diese als so verbindlich erscheinen zu lassen, dass die Verblendeten sogar bereit sind, die neue Realität bis aufs Blut zu verteidigen. Das*

gelingt, wenn man Menschen, wie Plastelin, zu einer Masse formt. Der belgische Psychologe und Universitätsprofessor Mattias Desmet hat die Theorien Gustave Le Bons auf die Corona-Zeit angewandt und festgestellt: Die ›Massenformation‹ funktioniert unabhängig vom Bildungs- oder Zivilisationsgrad. Sie ist ein Hack des geistigen menschlichen Programms. Das Ausnützen einer Schwachstelle. Und diese Schwachstelle lässt sich für verschiedene Themen immer wieder neu ausnutzen.

Im Kern ist der Mechanismus so einfach wie perfide: Es ist eine Spielart von »Teile und herrsche«, aber auf besonders manipulativen Weise: Mache große Teile der Bevölkerung über Jahrzehnte einsamer und verlassener. Erfinde dann einen gesellschaftlichen Zweck (Gesundheitsschutz etc.), den du mit massiver Propaganda in die Köpfe hämmerst. Nutze unbegründete Angst und falsche ›Solidarität‹ als Hebel. Siehe da, die einsamen und vereinzelten Individuen beginnen sich mit dem höheren Ziel zu identifizieren, sie fühlen wie eine Art Gruppenidentität entsteht. Und sie sind endlich Teil davon und plötzlich nicht mehr allein. Erst teilt man also und dann fügt man die Gesellschaftsteile unter einem neuen Zweck wieder zu einem Kollektiv zusammen. Ein alter Trick mit immer wieder neuen Hasen, die man aus dem Hut zaubert. (…) Gefangengenommen wird man so letztlich vom eigenen Glauben, nun endlich der richtigen Seite anzugehören, und dafür eine Aufwertung zu erfahren. Der Preis der Gefangenschaft ist das gute Gefühl. Die Falle besteht darin, dass die selbstgewählte Knechtschaft nur um den viel höheren Preis des

Eingeständnisses der Selbsttäuschung verlassen werden kann. Das Angenehme versklavt also, erst das Unangenehme befreit.

Im Kern ist die Massenformation eine Art der Gruppen-Hypnose, ein extremer Kollektivismus. Dieser erstarkt, weil er die Energie aus den persönlichen Beziehungen heraussaugt, die direkten Verbindungen, selbst zwischen Verwandten, schwächt und brüchig macht, bevor er das Bedürfnis nach Beziehung auf ein Kollektiv umpolt. Massenformation ist damit eine Form der Umprogrammierung des Menschen.«[48]

Milosz Matuschek ist ebenfalls ein enger Freund Gunnar Kaisers, es verwundert daher nicht, dass sich auch sein Erklärungsmodell bezüglich des Freiheitsverlustes um das Thema der Massenformation dreht. Verschiedene Freidenker greifen das Thema auf, und der von Matuschek erwähnte Professor für Klinische Psychologie Mattias Desmet schreibt das Grundlagenwerk *Die Psychologie des Totalitarismus*[49], das diesbezüglich keine Fragen offenlässt.

ERSATZRELIGION

Der Massenbildung geht der unerkannte Mechanismus der Bildung einer Ersatzreligion voraus, ohne den das kollektive Massenphänomen nur schwer verständlich ist. Die säkulare Gesellschaft agiert aus einer Hybris scheinbarer Aufklärung heraus und ist für die Folgen ihrer verleugneten und abgespaltenen Religiosität blind. Hexenjagden oder die Verfolgung von Ketzern verortet man im dunklen Mittelalter. Trotzdem behält man sich für die schlimmsten Abweichler der neuen Ersatzreligion den »Leugner«-Begriff vor. Obwohl es ihn in der Realität kaum gibt – der »Coronaleugner« oder der »Klimaleugner« wird zum Freiwild für die nachfolgende Jagd in den Massenmedien. An anderer Stelle habe ich es bereits erwähnt: Die Struktur der menschlichen Psyche lässt es nicht zu, nicht religiös zu sein.

> *»Nach Ansicht der Religionsforscher ist es auch dem hochbewussten Atheisten nicht möglich, seine Abkunft vom homo religiosus einfach abzulegen. Er verdränge die intellektuell widerlegte Religion in sein Unterbewusstes und*

ordne seine politischen und beruflichen Verhaltensweisen unversehens nach religiösen Strukturen.«[50]

Doch was genau zeichnet den homo religiosus eigentlich aus? Auf den Philosophen und Psychiater Viktor E. Frankl geht die Formel zurück, dass jeder Mensch den Ur-Erfahrungen, die jeder Religion zugrunde liegen, nicht entgehen kann: Leid, Schuld und Tod. Da der Mensch ein in die Zeit gestelltes, bewusstes Wesen ist, das zukünftige Ereignisse antizipieren kann, bestimmen zwei zentrale Grundgefühle seine Existenz: Angst und Schuld. Natürlich möchte man heute glauben, dass allenfalls unsere Vorfahren angst- und schuldgetrieben waren, dank der Aufklärung habe man diese Fixierungen jedoch überwinden können. Der Theologe und Psychoanalytiker Eugen Drewermann weist jedoch sehr scharfsinnig darauf hin, dass der säkulare Verstandesmensch über seine hypertrophen Angstbewältigungsstrategien den Angstraum fortwährend vergrößert hat, anstatt ihn zu verkleinern. Man denke nur an die gewaltigen Anstrengungen in der Atom-, Bio-, Waffen-, Gen-, Nano- und AI-Forschung, die die Welt eigentlich sicherer machen sollten. Tatsächlich haben die säkularen Zauberlehrlinge durch ihre Angstbewältigungsstrategie ein Horrorkabinett neuer Schrecken kreiert, vor denen man zu Recht noch größere Angst haben muss.

»Im Verlaufe der Jahrtausende hat das Gefühl der Angst die menschliche Vernunft als ein Organ der Vermeidung von Angstsituationen hervorgebracht und eingesetzt; aber

umgekehrt hat die menschliche Vernunft die einzelnen Angstsituationen ins Unendliche zu reflektieren vermocht und zugleich Abwehrmaßnahmen getroffen, die selber wieder bis ins Unendliche Angst verbreiten.«[51]

Das zweite Grundgefühl des homo religiosus ist eine numinos gefühlte Schuld, die sich in den Ur-Mythen aller Völker abbildet. Irgendetwas im Menschen befürchtet oder ahnt seine Illegitimität, die sich aus der bloßen Tatsache ableitet, dass der Mensch ein oral bedürftiges, biologisches Wesen ist. Um am Leben zu bleiben und seine Kerntemperatur erhalten zu können, muss der Mensch atmen, essen und für Wärme sorgen – dies kann er jedoch nur auf Kosten anderer Lebewesen tun, seien es Pflanzen, Tiere und letztendlich sogar auf Kosten anderer Menschen. Ein Kernthema meiner Arbeit ist daher die Sublimierung unerlöster Schuldkomplexe, deren Ursachen einerseits in der archetypischen Grundstruktur der menschlichen Seele liegen, die zusätzlich aber auch in der persönlichen Biografie erworben werden können. Der Theologe und Psychoanalytiker Eugen Drewermann spricht von »depressiven Schulderfahrungen«:

»Der Depressive erlebt es bereits als nicht wiedergutzumachende Schuld, überhaupt auf der Welt zu sein und also unausgesetzt anderer Dinge stehlen und wegnehmen zu müssen, die diese selbst zum Leben benötigen würden. All seine Lebensenergie kann der Depressive folglich nur darin setzen, nach Möglichkeit den Schaden einzu-

schränken oder abzubüßen, den er bereits durch die Tatsache seiner bloßen Existenz den anderen zufügt. Das Leben als ständige Abarbeitung der Schuld überhaupt auf der Welt zu sein – dieses zutiefst depressive Gefühl reflektieren die Völkermythen ebenso wie die jahwistische Erzählung der biblischen Urgeschichte von der Vertreibung aus dem Paradies; die christliche Erbsündenlehre, die bewusst auf die jahwistische Sündenfallgeschichte zurückgeht, hat diese tiefste Infragestellung der menschlichen Existenz durch das Gefühl einer fundamentalen Daseinsschuld denn auch an zentraler Stelle ihrer Dogmatik aufgegriffen.«[52]

Die archetypische Fragestellung nach der Legitimität eines Ressourcenverbrauches zulasten anderer kann nicht ohne innerpsychische Konflikte befriedet werden, sie muss vielmehr rituell erlaubt werden. Wird sie das nicht, entsteht aus der unerlösten Schuldfrage Aggression, die bei anderen Mitgeschöpfen wiederum neue Angst erzeugt. Mit der Verdrängung seines Konfliktes der scheinbaren Illegitimität setzt sich der Mensch tatsächlich ins Unrecht, denn erst dadurch entstehen Trotz und Aggression. Aus diesem Teufelskreis der menschlichen Existenz gibt es auf der rationalen Ebene kein Entrinnen, nur auf der kultisch-spirituellen Ebene kann der Seele bewusst werden, dass es »okay« ist, leben zu dürfen. Drewermann weist in diesem Zusammenhang auf die zentrale Bedeutung der Eucharistiefeier hin, deren Kern nicht nur die Erinnerung einer zentralen Vergebung von Schuld ist, indem an das Opfer von Jesus Christus am Kreuz erinnert wird. Da der Priester die Einsetzungsworte »Das ist mein Leib« und »Das ist mein Blut« ausspricht, wird in einem rituellen, symbolischen Kannibalismus der existenzielle orale Konflikt menschlicher Illegitimität erlöst:

> *»Gerade auf dem Hintergrund der oralen Schuldgefühle möchte die Eucharistiefeier in ihrer oralen Symbolsprache das menschliche Dasein von Grund auf, vom Erleben der Nahrungsaufnahme her, von jeder Schuld freisprechen und aus der Angst erlösen, die es wider Willen immer tiefer in das Dilemma der aggressiven Triebregungen verstricken muss. […]*
> *Es ist, als versuche das Sakrament der Eucharistie, ganz entsprechend der paulinischen Logik, die gesamte Schulderfahrung des Menschen bis zu einem Maximum hin aufzustauen und zu radikalisieren und zusammenzufassen, um sie als ganze erlösen und wegnehmen zu können. Das Schuldgefühl des Depressiven ergibt sich aus dem Empfinden, nur rauben und stehlen zu können, wessen er zum Leben bedarf; das Sakrament der Eucharistie aber will ihm, entgegen seiner Angst, von Gott her versichern, dass ihn sein Dasein von Grund auf geschenkt ist und dass ihm freiwillig gegeben wird, was er sich gewaltsam anzueignen meint. Die Eucharistie ist somit – weit tiefer und radikaler als das Sakrament der ›Buße‹, das es nur mit einzelnen Verfehlungen des menschlichen Willens zu tun hat – eine Lossprechung des ganzen Daseins bis in die Wurzeln des Unbewussten hinein; es ist ein umfassender Versuch, nach*

Art eines Psychodramas, im Ausagieren den sich Zerstörenden zu heilen; es ist wie ein Versuch, das ewig Schuldige, das ewig Verbotene bewusst zu machen und zu tun, um es im Tun als unschuldig zu akzeptieren. Die Eucharistie ist wie ein verzweifeltes, äußerstes Bemühen der Religion, dem Menschen zu sagen, was psychologisch eine Mutter ihrem Kind in der Depression gerade nicht mehr überzeugend zu sagen vermag, dass seine Schuldgefühle unbegründet sind, dass es, entgegen seinem Schuldgefühl, kein Mörder ist und dass es aufhören kann, sich als Kannibale zu fühlen und als Kannibale zu leben, nur weil es, um zu leben, essen muss; der Gott, den man im Sakrament zu töten meint, wird leben, – er gibt sich selbst hin, – es ist Gottes eigenes Opfer, nicht ein Mord, was da geschieht.«[53]

Kurzum: Über rituelle Handlungen und Konzepte der Gnade und Vergebung kann sich der christliche oder spirituelle Mensch sein innerpsychisches Gleichgewicht bewahren. Der säkulare Mensch, unbewusst von denselben Schuldgefühlen getrieben, kann dies nicht. Säkulare »Sündhaftigkeit« wird das tiefe Gefühl einer grundsätzlichen Illegitimität der menschlichen Existenz nicht los, als Surrogat ist ein neuzeitlicher kultischer Ablasshandel entstanden, dessen Auswüchse sich mustergültig im Klimakult abbilden. Der Ur-Mythos ist mit Händen zu greifen, denn auch hier gilt: Jedes menschliche Grundbedürfnis nach Sauerstoff, Nahrung, Wärme und Bewegung emittiert CO_2 und muss gesühnt werden. Der Redakteur und Buchautor Roland Rottenfußer fasst meine Arbeit zum Thema Schuld wie folgt zusammen:

»[...] Schuldtilgung also gibt es nie; Schuldentlastung immerhin ist möglich: zunächst durch andauernde Selbstbezichtigung, mit der ich ›Sensitivity‹, Schuldeinsicht und ein gewisses, zumindest theoretisches Potenzial zur Umkehr dokumentiere. Weiter auch durch Sühneopfer, also besonders schmerzhafte Einschränkungen meiner Lebensqualität: Einhaltung von Coronaregeln, Konsumverzicht, eine kalte Wohnung als Fanal des tapferen Widerstands ›gegen Putin‹... Kurz: Nur, wenn ich – fast – nicht mehr lebe, lebe ich richtig. Ich kann mich jedoch dem schuldbehafteten Kollektiv zumindest teilweise durch zur Schau gestellte Bußfertigkeit entziehen und dadurch, dass ich vom Angeklagten zum Kläger werde. Mein natürlicher Aufenthaltsort ist die Anklagebank, bis in alle Ewigkeit. Es sei denn, ich schaffe es, auf den Stuhl des Anklägers zu wechseln. Dann werden andere die Last tragen, die mich drückt, obwohl ich sie eigentlich nie hätte auf meine Schultern nehmen müssen.

Wir zahlen und zahlen – mit Geld oder mit reduziertem Lebensglück, ohne dass die Schuld jemals auf null schrumpfen könnte. Dieses Konzept erinnert klar an die religiöse Idee der Erbsünde. Der Unterschied zu ökologisch-moralischer Schuldbewirtschaftung ist jedoch: Religionen liefern zum Ausgleich und als Trost auch Narrative der Schuldentlastung gleich mit. Diese gibt es im Kontext von Umwelt, Gesundheit und anderen Correctness-

Themen nicht unbedingt. Gott kennt Gnade, woke Moralisten nicht.«[54]

Wie gnadenlos die neue Ersatzreligion in eine konkrete politische Praxis überführt werden soll, verraten prominente Vordenker der neuen Ideologie. Angesichts des nahen Weltuntergangs – die Klimakipppunkte werden für das Jahr 2045 postuliert – soll die ehemals freie Gesellschaft in eine Zuteilungs- und Kriegswirtschaft überführt werden. Die grüne *taz*-Redakteurin Ulrike Herrmann erklärt deutschen Bürgern, was sie unter linksgrüner Ägide erwarten dürfen:

> *»›Es geht hier ums Überleben – auch in der Schweiz und in Deutschland‹, sagt Ulrike Herrmann. Sie will die Klima-Katastrophe mit Kriegswirtschaft verhindern. Die deutsche Autorin Ulrike Herrmann prophezeit den Untergang des Kapitalismus und stellt die Gesellschaft vor die Wahl: Chaos und Katastrophen – oder ein sofortiger Übergang zu Kriegs- und Kreislaufwirtschaft. […] Ihre Vision: Freiwilliger Verzicht jedes Einzelnen und ein geordneter Übergang zur Kreislaufwirtschaft – mit den Methoden, wie sie Großbritannien während des Zweiten Weltkriegs und der Nachkriegszeit anwandte. Das heißt: Planwirtschaft und radikale Rationierung von Konsumgütern durch den Staat, mit dem Ziel, die Wirtschaft geordnet zurück bauen zu können. […] Konkreter wird sie bei den Konsequenzen, die ihr Plan für die Bürger vorsieht: Privatautos dürfe es beispielsweise nicht mehr*

geben, und die Lebensmittelversorgung müsse für jeden Einzelnen auf 2500 Kalorien täglich begrenzt werden.«[55]

Solange ich denken kann, wird die mediale Welt von den Ängsten einer großen Ressourcenknappheit dominiert. Das Postulat lautet: Ob Brennstoffe, Wasser oder Nahrung – niemals ist genug für alle da. Die Logik des Raubes – was die eine Seite erbeutet hat, muss der anderen Seite fehlen – ist inzwischen derart verinnerlicht, dass sämtliche Moralen darauf aufbauen.

»Aus dieser Perspektive haben westliche, ›patriarchale, kolonialistische, kapitalistische‹ Bestrebungen nichts als Leid in die Welt getragen. In Wirklichkeit ist diese von Selbsthass getragene Sichtweise von Grund auf falsch. Hans Roslings Buch ›Factfulness: Wie wir lernen, die Welt so zu sehen, wie sie wirklich ist‹ verdeutlicht die Aneinanderreihung glücklicher Umstände, mit denen der Westen institutionelle Novitäten einführen konnte, die dem Rest der Welt als segenreiches Modell dienten und dienen.«[56]

So weist Hans Rosling eindrucksvoll nach, dass allein das Dogma einer hoffnungslosen Überbevölkerung falsch ist. Gerade aufgrund der Errungenschaften westlicher Innovationskraft wird der weltweite Wohlstand größer, was wiederum zu einem massiven Umkippen der Bevölkerungsexplosion geführt hat. In wenigen Jahrzehnten wird die Weltbevölkerungszahl auf ein Niveau gesunken sein, das dieser Planet spielend ernähren kann.

Das »Krebsgeschwür Mensch«, wie es die Untergangspropheten der neuen Ersatzreligion predigen, ist lediglich eine Projektion unerlöster Komplexe, da die Dankbarkeit über eine gesicherte und bejahte menschliche Existenz nicht mehr gefühlt werden kann. Anstatt diese Problematik in einem therapeutischen Prozess aufzuarbeiten, wird Selbstheilung in einem Bußverhalten gesucht. Unglücklicherweise sorgt das narzisstische Selbst der Betroffenen dafür, dass das Problem kollektiviert wird, womit sich ein Großteil der Gesellschaft in Geiselhaft nehmen lässt.

DER KULT

Während ich in meiner Arbeit die Aspekte verdrängter Schuldgefühle betrachte, konstatiert Gunnar Kaiser in *Der Kult* einen mit Corona schlagartig einsetzenden Prozess, den er »die große Umkehrung« nennt. Da ich das Buch für ein Grundlagenwerk zum Verständnis des gesellschaftlichen Wandels halte, möchte ich das Werk wenigstens auszugsweise vorstellen. Die nachfolgenden Zitate dieses Kapitels beziehen sich daher ausnahmslos auf *Der Kult*[57].

> *»Alles beginnt mit dem Staunen darüber, dass plötzlich alles in sein Gegenteil verkehrt zu sein scheint. Sogar das Staunen selbst. Denn darüber zu staunen, dass auf einmal das Gegenteil von all dem zu gelten scheint, was bisher gültig war – das Gegenteil von allem, was sich bewährt hat, was normal und selbstverständlich war –, ist kein der Unschuld des Kindes gleichkommendes Staunen, sondern es ist verdächtig und ketzerisch. Diese Umkehrung, die Verdrehung, die Revolution sozusagen, hat auf vier verschiedenen Ebenen stattgefunden – auf der des Erken-*

nens, der des Urteilens, der des Entscheidens und der des Handelns. Und all diese Umkehrungen führen zusammengenommen zu einer einzigen großen Umkehrung, einer totalen Verdrehung des natürlichen Zustands, des Normalen, der alten Normalität.«

Jene, die auf den vier Ebenen Erkennen, Urteilen, Entscheiden und Handeln nicht selbst Teil der großen Verwandlung geworden sind, verstehen fortan die Welt nicht mehr. Gunnar Kaiser beschreibt in *Der Kult* zunächst seine Verwunderung darüber, selbst ein »Unverwandelter« geblieben zu sein. Als nicht verwandeltes, dem neuen Kult nicht angehörendes Individuum wird er quasi über Nacht in einer fremden Welt wach, die ihn fortan als Ketzer wahrnimmt. Im Interimszustand des Aufwachens fragt sich der Autor zunächst: Spinne ich? Oder spinnen alle anderen? Schließlich kristallisiert sich jedoch das vage Gefühl heraus, »dass man selbst in Ordnung ist, auch wenn die Autoritäten einem einreden wollen, man sei so gefährlich, dass man eingesperrt gehöre«. Das Gefühl kann am Anfang allenfalls »vage« sein, denn zu glauben, man selbst sei in Ordnung, während alle anderen falschliegen, erinnert an den berühmten Witz über den Geisterfahrer auf der Autobahn. Umso erschütternder, wenn sich nach eingehender Prüfung herausstellt, dass man zusammen mit einer kleinen Minorität tatsächlich die richtige Autobahnauffahrt genommen hat und einem die große Mehrheit auf der falschen Seite entgegenkommt.

Offenbar hatte eine unerklärliche Angstfreiheit bei einer

kleinen Gruppe der Bürger für Immunität gegen die neue Massenhypnose gesorgt. Während sich die Anhänger des Kultes widersinnigen Sachzwängen fügen, konnte sich diese Minderheit an ethische Grundsätze erinnern, die die freie Gesellschaft einstmals begründeten. Prädestiniert für dieses angstfreie Erinnern sind Intellektuelle, Philosophen und Künstler. Und weil eine weise, liberale Gesellschaft sich eigentlich geschworen hatte, aus den dunklen Zeiten des Totalitarismus zu lernen, hat sie diese Instanzen unter den besonderen Schutz der Rede-, Kunst-, Wissenschafts- und Meinungsfreiheit gestellt. Gerade in Not- und Krisenzeiten sollten diese Organe als Mahner und als Korrektiv auftreten – doch zu seinem großen Entsetzen stellt der Autor fest: Die große Umkehrung hatte auch nahezu alle Freiheitsinstanzen zum Schweigen gebracht. Gleich einem Polsprung konstatiert Gunnar Kaiser das Umschlagen aller ethischen Normen in ihr Gegenteil. Wer als Intellektueller Verhältnismäßigkeit anmahnt, wird zum gefährlichen Element, das die Sicherheit aller gefährdet. Gunnar konstatiert eine neue Verrücktmacher-Normalität, in der durch Rücknahme und Umkehrung ehemaliger Gewissheiten nur noch die Ungewissheit zur absoluten Gewissheit wird. Was gestern galt, gilt morgen nicht mehr:

»Wir wissen, wie tödlich das Virus ist, wir wussten es immer schon (außer in der Zeit, als wir es nicht ›wussten‹, nein, als wir sogar das Gegenteil wussten und diejenigen als populistische Verschwörungstheoretiker bezeichneten, die von einer tödlichen Gefahr sprachen). Wir wissen,

dass Masken nutzen, wir wissen, dass Einschließung sinnvoll ist, und wir wissen, dass nur die Impfung unser Ausweg sein wird. Nichts darf mehr angezweifelt werden. Wer zweifelt, wer Bedenken anmeldet, ja wer nur unsicher ist, ob der Verhältnismäßigkeit, der Rechtmäßigkeit der Maßnahmen, der ist ein Leugner – sogar ein Wissenschaftsleugner. Wer nachfragt, wer infrage stellt, ist ein Vaterlandsverräter. Es ist ja alles klar – die Wissenschaft ist sich ja einig. Vormals renommierte Experten, die nun als Kritiker und Skeptiker auftreten, sind da nur Störenfriede, Wichtigtuer und Wirrköpfe. Wer ihnen zuhört, läuft Rattenfängern hinterher. Wer sie gar einlädt, wer ihnen eine Bühne bietet, macht sich der Verunsicherung schuldig der Verwirrung dessen, was doch ganz klar und unbezweifelbar ist und immer sein wird. Hinterfragen gilt als moralisch verwerflich, gefährlich und verantwortungslos.«

Gunnar Kaiser stellt eine Beweislastumkehr fest: Kritische Bürger sollen dem Staat erst einmal beweisen, dass die Maßnahmen überzogen sind. Können sie das nicht, gelten die Maßnahmen auch weiterhin. Die nächste bösartige Umkehr findet der Autor auf der Urteilsebene über den Krankheitsbegriff. Eine neue Definition besagt, dass Menschen niemals als gesund zu betrachten sind, stattdessen sind alle potenziell krank, denn vermeintlich Gesunde könnten schließlich »symptomlos krank« sein. Nicht nur im Klimanarrativ werden die Bürger aufgrund ihrer natürlichsten Lebensbedürfnisse plötzlich schuldig, auch im

Pandemienarrativ gilt, dass alle schuldlos schuldig werden. »Leben, atmen wollen heißt schuldig sein.«

> *»Zugleich erleben wir eine tragikomisch säkulare Wiederkehr der Erbsündenlehre: Es ist unsere condition humaine, dass wir im Stand der Sünde (und der Krankheit) leben. Früher war es Schicksal, eine ansteckende Krankheit zu bekommen, heute geht es um eine Körperverletzung, die alle permanent allen zufügen. Wir leben in einem neuen Naturzustand, der zugleich Kriegszustand ist: die Ansteckung eines jeden durch jeden.*
> *Neben der Umkehrung der Verantwortung – nicht mehr der Einzelne ist für seine eigene Gesundheit verantwortlich, sondern der Staat; nicht mehr der Einzelne muss sich schonen und schützen, wenn er krank ist oder zur Risikogruppe gehört, sondern alle anderen müssen ihn schützen. Die ganze Gesellschaft muss erst stillgelegt und dann umgekrempelt werden, damit der Einzelne geschützt ist. Auf einmal soll der Einzelne einen moralischen Anspruch darauf haben, nicht von anderen angesteckt zu werden – was die anderen allerdings kaum je bewerkstelligen können. Neben dieser Umkehrung der Verantwortung geschieht eben auch eine Umkehrung in der Bewertung unserer selbst und unserer Mitmenschen: Wir sind nicht mehr ganze Menschen im Sinne des Humanismus, mit vielfältigen, zuweilen auch einander widersprechenden Bedürfnissen, Wünschen, Neigungen, Werten und einer nicht antastbaren Würde, wir sind nur noch Träger von Viren, Krankheitsüberträger, Infektionsherde, potenzielle*

Superspreader – eine Gefahr. Wir betrachten uns nicht mehr als homo sapiens, sondern als homo contaminans.«

Auch Gunnar Kaiser erkennt die mit Händen zu greifende Ersatzreligion, in der es eben gerade nicht mehr um die Logik der Aufklärung geht, sondern um ein neues Glaubensbekenntnis. Die neue Gebetsformel »Trust in Science and Democracy« ist dabei doppelt zynisch, denn: Weder gibt es »die einige Wissenschaft« – denn das wäre keine, da sich Wissenschaft immer über Dissens definiert und nicht über Konsens. Noch gibt es »die Demokratie«, wenn oligarchische Systeme diese über Notverordnungen aushebelt, um ihre eigenen Interessen gegen die Mehrheit der Bürger durchzusetzen.

Im Zuge der großen Umwandlung werden die Grundlagen der Menschenwürde abgeschafft. Aus Kants kategorischem Imperativ wird der »pandemische Imperativ«: »Handle stets so, als seist du Corona-positiv und als gehöre dein Gegenüber einer Risikogruppe an.«[58] Hier findet die große Umkehrung des menschlichen Willens statt, der nichts mehr zählt. Das Einzige, was noch zählt, ist, »was das Virus will« – beziehungsweise, was es verlangt. Damit ist eine neue, technokratische Sachzwang-Politik geboren:

»Das Virus entscheidet über den Lockdown, über die Maßnahmen, nicht wir, die Politiker, und schon gar nicht ihr, das Volk. Die Sachgesetzlichkeiten, der Sachzwang der Bedrohungslage, aber auch der der technischen Mittel, mit denen wir ihr begegnen können, sind die Legitimie-

rungsgrundlage für die Entscheidungen der Regierung. ›Die moderne Technik bedarf keiner weiteren Legitimität; mit ihr herrscht man, weil sie funktioniert‹, schrieb Helmut Schelsky 1961 in ›Der Mensch in der wissenschaftlichen Zivilisation‹: ›Hier herrscht gar niemand mehr, sondern hier läuft eine Apparatur, die sachgemäß bedient sein will.‹ Politiker, und auch die Wissenschaftler und Experten, sind nur die Bediener dieser Apparatur. Alle sitzen an den Hebeln einer Maschine, die ihnen ihren Willen, ihren Mechanismus aufzwingt. ›Der technische Staat entzieht, ohne antidemokratisch zu sein, der Demokratie ihre Substanz.‹ Und so sind auch Impfungen und Tests, gemäß dem Ausspruch Angela Merkels von 2008: ›Wir werden nicht zulassen, dass technisch manches möglich ist, aber der Staat es nicht nutzt‹, letztlich verpflichtend geworden. Was erst freiwillig war, wird zur Zulassungsvoraussetzung. Der Nachweis der Nicht-Infektion wird zur notwendigen Bedingung der Möglichkeit einer Teilhabe am öffentlichen Leben.«

Unter dem Sachzwang der »Notwendigkeit« geschieht die große Umkehrung aller Freiheitsrechte: Musste in einer freien Gesellschaft der Staat die Bürger darum bitten, temporäre Freiheitsbeschränkungen vornehmen zu dürfen, ist es fortan dauerhaft umgekehrt: Der Bürger muss den Staat darum bitten, gewisse Freiheitsrechte zurückzubekommen. Diese sind jedoch durch die große Umkehrung mit einer unendlichen Kette von Bringschuld verbunden, die der Bürger niemals einlösen kann. Erst nach wohlfeilem Verhalten, mehrfacher Impfung, Klimaneutralität und der Zustimmung seiner Totalüberwachung werden dem Bürger allenfalls Häppchen seiner ehemaligen Freiheiten gewährt. Zusammengefasst formuliert Gunnar Kaiser vier große »Umkehrungen« des Denkens:

Beim Erkennen: Gesunde Zweifel werden tabuisiert, Unhinterfragbarkeit wird zum neuen Ideal.

Beim Urteilen: Der gesunde Mensch wird zum potenziell immer kranken, der seine Gesundheit erst beweisen muss.

Beim Entscheiden: Die Souveränität des Volkes und demokratische Grundprinzipien werden durch Sachzwänge ersetzt.

Beim Handeln: Grundrechte, als Abwehrrechte des Bürgers gegen den Staat, werden durch einen bevormundenden Nanny-Staat kassiert.

Gegen die vier Umkehrungen wird jedoch so lange nicht aufbegehrt, wie die Bürger selbst der Sachzwang-Logik aufsitzen. Allein die nüchterne Logik wäre als Machtkonzept jedoch kaum tragfähig, wenn das neue Denken nicht auch noch tiefenpsychologisch wirksame Elemente einer neuen Ersatzreligion enthalten würde. Was das für Elemente sind, erklärt Gunnar Kaiser am Beispiel des fünften Kapitels des Romans *Die Brüder Karamasow* von Fjodor Dostojewski:

»In seiner Legende vom Großinquisitor lässt Fjodor Dostojewski den Kardinal-Großinquisitor, den Vertreter der Despotie, einem nach zwei Jahrtausenden wieder erschienenen Jesus gegenüber verlautbaren:

›Wir haben Dein Werk verbessert und es auf dem Wunder, auf dem Mysterium und auf der Autorität neu aufgebaut. Und die Menschen frohlocken, dass wir sie abermals führen wie eine Herde und dass wir aus ihren Herzen die furchtbare Gabe wieder stahlen, die ihnen so viel Qual gebracht hat.‹

Wunder, Mysterium und Autorität sind folglich die drei Elemente, die es der despotischen Herrschaft einfach machen, da die Menschen anstatt für ihre Freiheit zu kämpfen, dankbar sind für Brot und Sicherheit, die ihnen die Herrschaft verspricht. Und so sind es auch das Wunder (der erlösenden ›Impfung‹), das Mysterium (der nur durch die Eingeweihten der Wissenschaft zu ergründenden ›Virus-Bedrohung‹ und ›Pandemie‹) und die Autorität (des sich seiner Stärke bewussten Staates und seiner Hohepriester, der Intellektuellen), die die Macht des Kults begründen und festigen.«

An dieser Stelle in *Der Kult*, und danach immer wieder, konstatiert Gunnar Kaiser seine tiefe Enttäuschung über das Versagen der Intellektuellen, die alle beschriebenen Umkehrungen klaglos mittragen. Dass Medien, Intellektuelle und Künstler ohne Widerspruch mitgemacht haben, habe den neuen Kult erst ermöglicht. Für sein Entsetzen über das Versagen der Freiheitsorgane findet Gunnar keinen schärferen Begriff als Verrat. Schließlich formuliert er die Grundformel der neuen Staatsform einer Technokratie, die zugleich als neue Staatsreligion implementiert wird: Ich bin die Wissenschaft, dein Gott. Du sollst keine anderen Götter haben neben mir.

»Die grundlegende Frage der Staatsphilosophie ›Wie sichern wir, dass der Staat, der Leviathan, nicht zu übermächtig wird und seine Untertanen unterdrückt?‹ stellen wir angesichts all der vorgestellten globalen Bedrohungen und der behaupteten Komplexität der Sachverhalte nicht mehr. Heute fragen wir uns eher: ›Wie kann der Staat uns schützen? Wie kann der Staat uns ein gutes Leben ermöglichen? Wie kann er uns etwas Gutes tun? Was kann er für unser Wohlbefinden tun? Kann er verhindern, dass wir krank werden? Kann er uns sogar zu besseren Menschen machen?‹ Deswegen sind die Oberhäupter des Staates keine einfachen Herrscher mehr. Sie sind zu Führern und Erziehern und Lehrern und Ärzten und Pflegern geworden, nicht mehr einfach nur Staatslenker. Sie führen uns wie Schüler oder Haustiere, und unsere ganze Existenz ist zu ihrer Angelegenheit geworden. […]

Dass man es mit einem Technokraten zu tun hat, bemerkt man dann, wenn Sachzwänge vorgeschoben werden, um die vermeintlich langsamen demokratischen Prozesse zu umgehen. Sachzwänge können dann eine befürchtete Gefahr wie Krieg oder Massenarbeitslosigkeit, Klimawandel oder ein Virus sein – ein unmittelbar drohender wirtschaftlicher und sozialer Zusammenbruch ist nur durch die Herrschaft einer technischen Elite zu überwinden – oder der Sachzwang ist ein zu erreichendes Gut für das Gemeinwohl, also zum Beispiel mehr Wohlstand und

Wachstum oder Gleichheit. Dabei spielt es für die angestrebten gesellschaftlichen Umgestaltungen kaum eine Rolle, ob die Bedrohung real oder inszeniert beziehungsweise das höhere Gut erstrebenswert ist oder nicht. Was zählt, ist einzig und allein die Beschleunigung der Mobilisierung. […]
Technokratie verabscheut Eigentumsrechte. Sie will Kapitalismus abschaffen oder umgestalten und verspricht den Anbruch der Utopie, wenn nur endlich Ingenieure, Wissenschaftler und Techniker die Gesellschaft führen. Das ultimative Ziel der Technokratie aber ist die wissenschaftliche Diktatur, die erreicht wird, indem die aktuelle Wirtschaftsstruktur der Welt auf der Grundlage eines Energierationierungssystems verändert wird. In dieser Utopie gibt es kein Bargeld mehr, sondern der Staat gibt eine Art Energiegeld aus. Der Staat bestimmt dadurch alle Preise: Er misst, wie viel Energie bei der Herstellung eines Produkts aufgewendet wurde, und so viel kostet es dann auch. Jeder Mensch bekommt vom Staat ein gewisses Energiekontingent zugeteilt, sozusagen als bedingungsloses Grundenergieeinkommen. Wenn das aufgebraucht ist, dann ist man eben nicht mehr befähigt zu konsumieren, weil man ja sonst über seine Energieverhältnisse lebt.«

Verständlicherweise ist es kaum möglich, dem komplexen Werk Gunnar Kaisers in dieser kurzen Skizze gerecht zu werden. Würde es nach mir gehen, wäre das Buch Pflichtlektüre an allen weiterführenden Schulen. Eine unbeschwerte Freude über den großen Erfolg von *Der Kult* war

Gunnar Kaiser leider nicht vergönnt. Kurz nachdem das Buch aus dem Stand und völlig verdient auf der *Spiegel*-Bestsellerliste landete, war Gunnar bereits mit seiner Krebsdiagnose konfrontiert.

GLÜCKLICH WIE NIE

Das verwirrende an einer Krebserkrankung kann mitunter sein, dass das Leiden in Phasen scheinbarer Besserung verläuft, die den Betreffenden und sein Umfeld auf eine Achterbahn der Gefühle setzen. Gunnar Kaiser wurde zwei Mal vermeintlich wieder »gesund«, bis die Krankheit endgültig obsiegte. Vermutlich gibt es kein Krankheitsbild mit derart vielfältigen Ursachen und zugleich widersprechenden Therapieantworten wie Krebs. Während die Schulmedizin heutzutage immer noch kaum nach psychosomatischen Ursachen fahndet, will die Ganzheits- und Alternativmedizin von jeher gewusst haben, dass die Krebsursache voller Sinngehalt und Symbolik steckt, die der Kranke entdecken und entschlüsseln muss, um wieder gesund zu werden. Gunnar ging nach unserem gemeinsamen Gespräch zum Arzt, und am 4. Januar 2022 wurde der Verdacht auf Speiseröhrenkrebs in einem relativ fortgeschrittenen Stadium endgültig bestätigt. Der schulmedizinische Therapieansatz sieht eine mehrfache Chemotherapie sowie eine umfangreiche Operation vor, bei der große Teile der Speiseröhre und des Magens entfernt werden. Doch selbst nach diesem erheblichen Eingriff, der die Nahrungsaufnahme dauerhaft einschränkt, liegt die Fünf-Jahres-Überlebensrate bei Männern allenfalls bei 22 Prozent. Trotz dieser wenig motivierenden Erfolgsaussichten entschied sich Gunnar zunächst für eine klassische Chemotherapie. Obgleich sich die Nebenwirkungen kaum verbergen ließen – natürlich fallen nach einer Chemo sämtliche Haare aus –, ließ das Schrumpfen des Tumors vorerst eine normale Nahrungsaufnahme zu, womit sich sein Wohlbefinden im Frühjahr und Sommer 2022 erheblich verbesserte. Bereits in *Die Heldenreise des Bürgers* schrieb ich über Gunnars »optische wie innerpsychische Metamorphose«, da er nun nicht mehr klassisch in Sakko und Pullunder auftrat, sondern mit Hoodie und Basecap. Mein Verdacht war bereits damals der, dass Gunnar sich bei seiner Aufklärungsarbeit überanstrengt hatte:

> *»Kaiser beschreibt das Dilemma des klassischen Intellektuellen, der sich auf der Diskursebene verausgabt, da die Gegenseite überhaupt nicht an Fakten und stringenter Logik interessiert ist. Während der Intellektuelle noch die mannigfaltigen Widersprüche aufklärt, stellt der Diskursgegner zum Schutz seiner Pseudorealität einfach eine neue Reihe von Absurditäten auf, frei nach dem Motto: Was schert mich mein Geschwätz von gestern. […] Sobald der Prozess der Massenbildung greift, muss jeder Intellektuelle einsehen, dass er den Kampf zugunsten der Aufklärung nicht nur nicht gewinnen kann, weil die andere Seite über wesentlich wirkmächtigere Medienkartelle verfügt.*

Das hypnotische Massenphänomen sorgt darüber hinaus für ein beeindruckendes Tempo selbstbestätigender Narrative – bei gleichzeitiger Erblindung gegenüber neuen Fakten. Bevor alle Sinnlosigkeiten der bisherigen Standpunkte entkräftet werden konnten, gibt es bereits eine unüberschaubare Fülle neuer Paradoxien. […] Bezüglich der Aufklärungsbemühungen seitens des Intellektuellen erinnert das Ganze an die Parabel des Rennens zwischen dem Hasen und dem Igel, in der sich der Hase zu Tode rennt, da er das Spiel ehrlich spielt, während der Igel mit einem Double betrügt. Nach zwei Jahren Hetzjagd in der Ackerfurche werden Kaisers Befürchtungen bezüglich seines Gesundheitszustands wahr.«[59]

Im Sommer 2022 treffen wir uns mit einigen Freunden in unbeschwerter Runde in Berlin. Gunnar sieht bedeutend besser aus als noch im November, er trägt ein T-Shirt und hat offensichtlich wieder zugenommen, wie mir scheint sogar an Muskelmasse. Meine Frage, ob er neuerdings ins Fitnessstudio geht, bestätigt er überrascht. In dieser Zeit wird Gunnar mit einem überwältigenden Schwall »guter Ratschläge« eingedeckt. Täglich gehen Rezepte und Anleitungen echter und selbst ernannter Therapeuten ein, die allesamt vorgeben, sie wüssten, was zu tun ist. Möglicherweise war Gunnar sogar zu offen, der Fülle dieser Anregungen nachzugehen, vieles davon versucht er nach bestem Wissen und Gewissen umzusetzen. Radikale Ernährungsumstellung, Geistheilung, Fasten, Mikronährstoffe oder die Integration unerkannter Komplexe stehen auf der Agenda.

Nachdem sich das trügerische Gefühl einer »Genesung« einstellte, immerhin klappte das Essen wieder, entscheidet sich Gunnar für eine Fortführung der Therapie mit alternativen Mitteln und vorerst gegen die nächste Chemotherapie – eine Entscheidung, die er im Winter 2022/2023 wieder zurücknehmen wird.

In dieser Zeit ist Gunnar zu Gast bei verschiedenen freien Medienportalen, die ihn zu seiner Krankheit befragen. Im Interview »Krebs als Weckruf – Im Gespräch mit Jens Lehrich« wird er auf die Frage, wie es ihm geht, Folgendes antworten:

> *»[...] es geht mir tatsächlich im Moment, ich könnte fast sagen, sehr gut. Ich bin vorgestern aufgewacht und dachte – so glücklich war ich noch nie. Da habe ich mich selber fast ein wenig geschämt für den Gedanken oder das Gefühl und habe gedacht, warum eigentlich? Hey, du bist krank! Und das ist so ernsthaft, wie kann das sein? Aber das ist eine Phase jetzt in meinem Leben – wow, die, könnte man sagen, die habe ich gebraucht. Da ist jetzt natürlich viel dahinter. Was macht das mit dir? Oder was machst du damit? Wie gehst du damit um und in welche neue Phase bringt dich das? Und im Moment bringt mich das in eine Phase, wo ich wirklich gesagt habe – warum war ich da nicht schon vorher?«*[60]

Wenn etwas von den vielen Ratschlägen, die auf Gunnar einprasseln, wirklichen Eindruck hinterlassen hat, dann die Aussagen des Autors Lothar Hirneise, Begründer des »3E-

Programms« alternativer Krebstherapie[61], bei der die drei Säulen Ernährung, Entgiftung und Energiearbeit zentral sind. Insbesondere bei der dritten Säule, der mentalen Ursachenforschung innerpsychischer Komplexe, glaubt Gunnar fündig geworden zu sein. Seine Selbstanalyse ergibt einen tief verinnerlichten Leistungsgedanken, bei dem sein Selbstwert an äußeren Zuspruch und Erfolg gekoppelt wurde:

> *»Ich denke, es hat auch viel mit Stress zu tun, den ich mir selber mache, über ›ich muss doch gewollt werden‹, beziehungsweise ›ich muss doch gesehen werden‹, da ich sonst nichts wert bin. Ich muss was leisten im Sinne von ›hallo, hier bin ich‹, und wenn ich nichts abliefere, dann habe ich keinen Anspruch, auf dieser Welt zu existieren.«*[62]

Der Versuch, diesen Komplex zu lösen, wird von Gunnar auf geradezu paradoxe Weise beantwortet. Noch im Interview mit Jens Lehrich stellt er fest, dass es für ihn jetzt eigentlich um eine längere Auszeit gehen müsste, um eine selbst verordnete Abstinenz von seinen Followern – um sogleich die Sorge zu formulieren, ob man ihn nach drei oder sechs Monaten Pause womöglich vergessen haben könnte. In Wirklichkeit legt Gunnar im Sinne des »Hallo hier bin ich« sogar noch einmal nach. Er tourt mit seiner Krebserkrankung durch die Medien und plant das große Seminar »Einfach sein«, dessen Aussage die theoretische Konklusion der Leistungslosigkeit und Bejahung enthält. Doch gerade dieses Seminar muss umso mehr geleistet werden, da Gunnar eine Woche lang täglich vor der Live-Kamera moderieren will. Kurzum, die Schere zwischen Erkenntnis (gut wäre eine Auszeit) und Handeln (noch mehr Öffentlichkeit) öffnet sich immer weiter. »Pause« macht Gunnar erst nach dem Seminar, und dies auch nur, weil er einen totalen Zusammenbruch erleidet. Der Sommer geht, der nasskalte Herbst kommt, und mit ihm schleichen sich auch die alten Symptome der Schluckbeschwerden wieder ein – Gunnar nimmt wieder rapide ab.

EINFACH SEIN

»Ich weiß aber nicht, wie es wäre, wenn man mir sagen würde, dass ich nur noch sechs Monate zu leben hätte«, verrät Gunnar der Zeitung *Epoch Times* im November 2022. Wenige Wochen später, im Dezember 2022, werden ihm die Ärzte genau das mitteilen. Gunnar gibt der Zeitung das Interview per Videokonferenz aus einer Hotelsuite am Genfer See. Direkt ein Stockwerk darüber habe ich dieselbe Suite bezogen. Es ist sehr schön am Genfer See. Das Wetter ist weitaus milder als in Berlin, das Herbstlaub der Bäume leuchtet in den schillerndsten Farben, und die Segelboote dümpeln friedlich im blauen Wasser. Das Luxushotel, in dem wir zusammen mit weiteren Dozenten aus der Freidenker-Szene logieren, wurde eigens für Gunnars Projekt »Einfach sein« geräumt und in einen exklusiven Enklaven-Ort verwandelt, der abermals an eine Location aus einem Kriminalroman erinnert. Mit von der Partie sind prominente Denker der freien Medien, Gerald Hüther, Matthias Burchardt, Raphael Bonelli, Jeannette Fischer, Daniele Ganser und Franz Ruppert. In gewissem Sinne ist der Titel

»Einfach sein« ein Euphemismus, denn die Teilnehmer müssen eine reelle Teilnahmegebühr bezahlen, um live dabei sein zu können. Auf der anderen Seite ist das Angebot fair, neben interessanten Dozenten gibt es eine Woche Urlaub an einem wunderschönen Ort bei allerbester Verpflegung. Was weder Gäste noch Mitdozenten wissen: Gunnars und meine Teilnahme hing noch kurz vor Beginn des Seminars an einem seidenen Faden. Unabhängig voneinander hatten die Geschehnisse der letzten Jahre ihre Spuren hinterlassen und unsere Gesundheit ernsthaft angeschlagen. Bei mir war eine alte Autoimmunkrankheit, die in Schüben verläuft und die lange in den Hintergrund getreten war, plötzlich wieder akut geworden. Mein Zustand mit neuronalen Störungen, Tinnitus und Schwindelattacken verschlechterte sich derart, dass ich Gunnar wenige Tage vor dem Seminar anrief. Noch immer das positive Bild vom Sommer im Kopf, war ich mehr als erstaunt, als mir am anderen Ende der Leitung ein völlig entkräfteter Gunnar erklärte, dass er sich seinerseits keineswegs sicher sei, ob er es überhaupt in die Schweiz schaffen würde. Die Krebserkrankung hatte sich mit aller Macht zurückgemeldet, und neben der allgemeinen Auszehrung hatten massiver Vitamin-B12-Mangel und Abwehrschwäche zu einem Infekt in der Lunge geführt. Für einige Sekunden schwiegen wir. Da waren wir nun also, nach drei Jahren Corona-Aufklärung und kurz vor dem Seminar »Einfach sein«, dessen Inhalt darauf abhob, seine Mitte zu finden und zu gesunden – ein Treppenwitz. Zerschlagen, müde und wie vergiftet beschrieben wir uns gegenseitig unseren Zustand. Nie werde ich Gunnars Gelassenheit und Großherzigkeit vergessen, mit der er mit der Situation umging. Obgleich es ihm vermutlich noch weitaus schlechter ging als mir, entband er mich von allen Verpflichtungen und sicherte mir zu, dass er schon irgendwie für Ersatz sorgen würde, sofern ich tatsächlich ausfiele. Dasselbe gelte auch für ihn, falls er es seinerseits nicht schaffen würde. Trotzdem versprachen wir uns gegenseitig, das Bestmögliche zu versuchen und notfalls unter Zuhilfenahme von Schmerzmitteln die Reise in die Schweiz anzutreten.

Wenige Tage später treffe ich abends im Hotel am Genfer See ein, Gunnar hatte sich schon auf sein Zimmer zurückgezogen. Für mich steht er jedoch noch einmal auf, und wir begrüßen uns mit einer herzlichen Umarmung. Erst jetzt wird mir bewusst, wie schlecht es meinem Freund tatsächlich geht. Unter seinem grünen Hoodie, mit dem in dieser Situation fast schon sarkastisch wirkenden Slogan »Einfach sein«, verbirgt sich ein Knochengerüst. Ein Zustand, den er in seinem damals aktuellen Interview kommentierte: »… ich begriff, dass ich irgendwann verschwinde würde, wenn es so weiterging.«[63]

Die ursprüngliche Konzeption des Seminars beruhte darauf, dass Gunnar im Anschluss an jeden Gastvortrag eine ausgiebige Diskussion und Fragerunde zwischen Publikum und dem vortragenden Dozenten moderieren würde. Doch bereits nach kurzer Zeit war klar, dass ihm dafür schlichtweg die Kraft fehlte. Gunnar beließ es beim Anmoderieren des Dozenten, um sich danach zurückzuziehen. Die Art seiner Anmoderation, in Anbetracht seines dramatischen Zustandes, hinterließ bei mir eine Mischung aus Bewunderung und Irritation. Eben noch ein lockeres und freundliches »Hallo und herzlich willkommen bei *Kaiser TV*« in die Live-Kamera der zugeschalteten Internet-Community gesprochen, um Sekunden später in der letzten Reihe des Seminarraumes auf einem Stuhl vor Erschöpfung zusammenzusacken. War dies noch Professionalität oder schon Abspaltung? Wie wichtig konnte Öffentlichkeit sein, um sich solchermaßen Gewalt anzutun? Gunnar selbst hat nie einen Hehl daraus gemacht, dass er zeit seines Lebens keinen wirklichen Zugang zu seinem von äußerem Zuspruch unabhängigen Wert hatte. Ohne den Spiegel seiner Leser und Follower wusste er nicht, wer er war. Bereits seinen Bestseller *Der Kult* startet Gunnar mit dem Bekenntnis einer gewissen Sucht nach Aufmerksamkeit. Doch jetzt, im Angesicht einer tödlichen Krankheit, formuliert er geradezu ein narzisstisches Prinzip, das ihn antreibt und unter dem er leidet:

> *»Vor dem Tod habe ich eigentlich keine Angst. [...] Ich fürchte mich nicht vor dem Tod, eher noch vor Schmerzen. Das heißt aber nicht, dass ich diese innere Angst vor dem Bedeutungsverlust nicht hätte. Die hat natürlich auch mit dem Tod zu tun und ist mit meiner jetzigen Situation verbunden. Ich muss mich nun damit auseinandersetzen, was passiert, wenn ich nicht mehr so weitermachen kann wie bisher. Meine Öffentlichkeitsarbeit, der Kontakt zu den Menschen, die mir zuhören und denen ich zuhöre.*

Wenn das nicht mehr so ist, wer bin ich denn dann noch? Mein Glaube: Wenn ich nichts leiste, bei anderen Menschen nichts bewirke, wenn sie mich nicht sehen, dann bin ich auch nicht da und habe keine Bedeutung. Das ist noch schlimmer als der physische Tod. Daran muss ich noch viel arbeiten.
Ich glaube, die berühmtesten und berüchtigtsten Menschen der Weltgeschichte verdanken wir einer Hybris, diesem übersteigerten Anspruch und dieser Bedürftigkeit. Einem fast narzisstischen Willen, von den anderen gesehen zu werden. Dann bekommen wir eben so jemanden wie Nero, wie Napoleon und Hitler. Jetzt habe ich mich in eine tolle Reihe gestellt.
Aber nicht nur berüchtigte, auch berühmte Menschen, wie etwa große Künstler der Vergangenheit. Diesem charakterlichen Mangel verdanken wir sehr viel an Kunst, auch an Wissenschaft. Ich weiß manchmal nicht, ob das nicht sogar ein Opfer ist, das einzelne Individuen ruhig mal bringen können – ein Dostojewski, ein Kafka, ein Rembrandt –, damit wir jetzt ihre tollen Werke sehen können. Jetzt habe ich mich in die andere Reihe gestellt. Das ist ja sehr anmaßend von mir.«[64]

Woher sich auch immer Gunnars unermüdlicher Einsatz zugunsten liberaler Werte speiste – wäre er anders oder nach psychologischer Interpretation »gesünder« gewesen, hätte er vermutlich nicht so viele Menschen erreichen können. Möglicherweise ist der Vergleich mit Dostojewski und Kafka tatsächlich eine Nummer zu groß. Trotzdem halte ich Gunnar Kaiser für eine zeitgenössische Figur, die Historiker einmal als relevant bewerten werden. Schon heute zeichnet sich ab, dass Gunnar Kaiser nicht nur für Deutschland, sondern mindestens für ganz Europa als Ikone der mutigen Aufklärer wahrgenommen wird. Ein Artikel aus England bringt es auf den Punkt:

> *»Dennoch tauchten aus dem Dunst der Angst unzählige, wenn auch vereinzelte, kühle Köpfe und dissidente Stimmen auf. In Großbritannien sind uns diese Namen gut bekannt. Aber auf der anderen Seite des Ärmelkanals war die Situation nicht anders. Der italienische Philosoph Giorgio Agamben, der deutsche Politiker Wolfgang Wodarg und der schwedische Epidemiologie Anders Tegnell zählen zu den prominentesten Kritikern und Neinsagern des Kontinents – eine typischerweise ungleiche Gruppe, die nicht durch ihre Sorge um den Tod, sondern um Tyrannei vereint ist. In der Anglosphäre sind andere Persönlichkeiten dieser Art jedoch noch weitgehend unbekannt. Aus ganz Europa kann es kaum ein besseres Beispiel geben als den deutschen Philosophen und Podcaster Gunnar Kaiser – eine Figur, für die es schlicht kein englischsprachiges Äquivalent gibt.«*[65]

Doch zurück zu Gunnars Frage eines Egozentrismus: Aus eigener Erfahrung weiß ich, dass früher oder später jeder Philosoph oder Künstler mit dem Vorwurf der Ichbezogenheit konfrontiert wird. Der Normalbürger ist echauffiert, dass sich ein Einzelner in seiner vermeintlichen Nabelschau für so wichtig hält, dass er es wagt, die Ergebnisse seiner Bemühungen zu verallgemeinern und zu veröffentlichen. Hier liegt vielleicht der größte Unterschied zwischen individuierten Menschen und jenen, die immer noch glauben, ihre tief menschlichen Eigenschaften verstecken zu müssen. Der deutsche Schriftsteller und Georg-Büchner-Preisträger Martin Mosebach schreibt in einem Vorwort zu einem Buch von Gilbert Keith Chesterton:

> *»Chesterton war sicher, dass er eine Aussage von allgemeiner Geltung über Glaube und Religion machte, wenn er über den eigenen Weg zu Glaube und Religion sprach, denn er teilte mit allen Menschen die Erfahrung der Kindheit und die angstvolle Erwartung des Todes, die Sehnsucht nach Liebe und das Bewusstsein eigener Schuld.«*[66]

Aus ebendiesem Bewusstsein heraus legitimiert sich auch die Überzeugung von Relevanz und Übertragbarkeit kreativer und philosophischer Arbeiten: Auf die eine oder andere Weise sind wir alle Kinder, die sich schuldig fühlen und die sich dennoch nach Liebe sehnen und – die Angst vor dem Tod haben.

Gunnars Schonungslosigkeit, mit der er seine narzisstische Tendenz bekennt, möchte ich trotzdem nicht unkommentiert lassen. Normalerweise gehören zu diesem Psychogramm weitere, sehr unschöne Charaktereigenschaften, die Gunnar allesamt nicht hatte. In Gesellschaft hatte er es nie nötig, sich in den Vordergrund zu drängen, zu brillieren, zu dominieren oder gar andere kleinzumachen. Er begegnete jedem Menschen, egal welcher Herkunft oder Bildung, vorurteilsfrei und stets auf Augenhöhe. Ebendiese Charaktereigenschaft machte die hohe Qualität seiner Interviews aus.

DAS GIFT

Im Laufe des Seminars am Genfer See sitzen wir in einer Nacht noch lange zusammen und unterhalten uns über unsere Erkrankungen. Natürlich war Gunnar bewusst, was auch viele Kommentare im Internet raunten: Geheimdienste hätten seit jeher Mittel und Wege gefunden, aggressive Krebserkrankungen auszulösen … Inzwischen hatten wir so viel über die Möglichkeiten der neuen mRNA-Technologie gelesen, dass es tatsächlich naiv gewesen wäre, diese Theorie vollends zu verwerfen. Technisch machbar war es allemal. Natürlich gibt es heutzutage Mittel und Wege, das Immunsystem dermaßen zu überfordern, dass sich der Körper gegen Krebszellen nicht mehr wehren kann. Was viele Menschen nicht wissen: Jeder Mensch entwickelt zu jedem Zeitpunkt Krebszellen, normalerweise wird eine gesunde Immunabwehr jedoch spielend damit fertig – es sei denn, man hat HIV oder eine HIV-ähnliche Erkrankung. Und diese lässt sich auch auf künstlichem Wege erzeugen. Man kann heutzutage Autoimmunkrankheiten per »Impfung« induzieren, und zwar gegen jedes beliebige Körperhormon oder gegen jede beliebige Zellfamilie. Bei der Angriffsrichtung gegen Hormone werden beispielsweise Frauen nicht mehr schwanger, weil die Immunabwehr gegen das benötigte Schwangerschaftshormon hCG vorgeht. Andere Wirkrichtungen induzieren spezifische Autoimmunkrankheiten oder Krebserkrankungen. Natürlich wird der so behandelte Mensch nicht gleich tot umfallen, vielmehr wird er irgendwann eine Tumorerkrankung entwickeln und schließlich an »natürlicher Todesursache« versterben. Niemand auf der Welt wird nachweisen können, dass der Betreffende ermordet wurde, und auch der Betroffene wird niemals erfahren, aus welchem Grund sein Körper Krebs entwickelt hat. Zu böse, um wahr zu sein? Vielleicht. Das Wissen um diese Möglichkeit ist jedenfalls zermürbend und toxisch.

In der Nacht am Genfer See erzählte mir Gunnar noch folgendes Erlebnis: In Indonesien sei er bei einem Geistheiler gewesen, der nicht wusste, welch umstrittene und prominente Rolle sein Klient im Zuge der Corona-Aufklärung hatte. Das Medium begann mit seiner Zeremonie und sagte plötzlich auf Englisch: »The forces you are dealing with are very powerful and evil.«[67] Natürlich kann dies einfach nur der Standardsatz eines dubiosen Heilers gewesen sein, der seine eigene Bedeutung in Szene setzen wollte. Niemand kann das wissen. Gunnar, der sich natürlich auch öffentlich zur Frage der persönlichen Aufarbeitung innerpsychischer Krankheitsgründe äußerte, kommentierte die Möglichkeit einer vorsätzlichen Vergiftung eher trotzig. Sinngemäß stellte er fest: Wenn dergleichen dahinterstecke, brauche er sich auch nicht mehr mühsam irgendeinem Kindheitstrauma zu stellen. Zur Frage der psychologischen Aufarbeitung, aber auch zu Fragen der Spiritualität nimmt Gunnar auch im *Epoch-Times*-Interview Stellung:

> *»Jeder Mensch bekommt durch Krankheit eine Möglichkeit, sein Leben zu ändern. Sich auch Themen zu stellen, die er vielleicht bisher ausgeblendet hat. Ob das unbedingt zur Genesung beiträgt, weiß ich nicht. Es gibt Menschen, die sagen: ›Schau dir diese Themen und Konflikte an, dann wirst du gesund werden.‹ Man weiß nicht, ob der Körper tatsächlich immer so direkt reagiert. Es kann auch überfordern beziehungsweise Schuldgefühle verursachen, wenn man merkt, man ist immer noch krank. Dass ich jetzt gerade Unwohlsein verspüre, heißt, ich habe es nicht richtig gemacht, ich schaue noch nicht richtig hin. Was mache ich denn falsch? Das erzeugt viel Druck.«*

Gunnar spricht hier eine psychologische Falle an, die in ganzheitlichen und esoterischen Kreisen sehr oft unbewusst aufgestellt wird. Auch viele seiner Mitstreiter und Videoblogger aus der alternativen Szene haben Gunnar in der Zeit seiner Krankheit mit unverlangtem Rat ge- und erschlagen. Vielen ist die Gnadenlosigkeit ihrer esoterischen Logik des »selbst schuld« überhaupt nicht bewusst. Hier ist Krankheit niemals Schicksal, sondern immer die Ursache eines unbewussten Defizites oder Rätsels, das der Kranke entdecken und lösen muss. Bleibt er trotzdem weiterhin krank, hat er sich der Lösung verweigert und ist letztendlich selbst schuld. Vielleicht noch krasser ist die Härte vieler Hobby-Buddhisten, wenn sie lapidar feststellen: Das hast du dir alles selbst ausgesucht! Du hast diese Erfahrung gebucht! Heißt: Mitleid ist eigentlich gar nicht angezeigt. Wenn du jetzt stirbst, wolltest du es ja so. Es wird dich schon irgendwie weiterbringen, notfalls in der nächsten Runde im Reigen deiner vielen Inkarnationen. Dass dieses Leben ein großes und mitunter auch beängstigendes Rätsel ist, das immer Eigenverantwortung und Auslieferung an ein Schicksal bedeutet, wird mit derartiger Logik abgewehrt. Menschen, die so denken, schützen sich mit dieser calvinistischen Logik selbst. Letztendlich wird mit dieser Küchenesoterik eine Selbstwirksamkeit in Schicksalsfragen propagiert, die es de facto nicht gibt.

Natürlich ist der esoterisch-ganzheitliche Ansatz der innerpsychischen Sinnsuche einer Krankheitsursache prinzipiell richtig – als ehemals ganzheitlicher Therapeut und beeinflusst von Autoren wie Thorwald Dethlefsen und Ruediger Dahlke braucht man mich diesbezüglich nicht zu überzeugen. Trotzdem gibt es Aspekte, die über diese Logik hinausgehen. Es gibt Leiden, das nicht platt auf »Selbstverschulden« oder »Karma« zurückgerechnet werden kann. Leiden, bei dem Selbstwirksamkeit endet und Gnade beginnt. Um dies zu verstehen, ist es hilfreich, sich mit dem Hiob-Mythos auseinanderzusetzen oder Viktor E. Frankl zu lesen, der das unverschuldete Leiden im KZ beschrieb sowie dessen Transzendenz durch Annahme.

Auch ohne die dunklen Spekulationen über vorsätzliche Vergiftungen ist allein das Wissen über den kommenden

Gesellschaftsumbau zugunsten eines technokratischen Totalitarismus toxisch. Hinzu kommen Gefühle der Machtlosigkeit und das Erdulden persönlicher Diffamierungen. Viele Menschen, die den dramatischen Freiheitsabbau der letzten Jahre verstanden haben, leiden unter psychischen Problemen oder entwickeln chronische Krankheiten. Dabei führt die persönliche Verzweiflung oftmals zu einer verständlichen, aber dennoch falschen Annahme, die auch in der Medizin- und Therapiewelt gang und gäbe ist: Patienten wollen und müssen glauben, dass es Ärzten und Therapeuten besser geht als einem selbst, ja, dass diese generell gesünder leben und es de facto auch sind. Wie soll man sich auch von jemandem helfen lassen und seiner Expertise vertrauen, der selbst betroffen ist? Auch bezüglich Aufklärern und Freigeistern will man annehmen, diese stünden über den Dingen oder hätten eine Patentlösung parat. Verständlicherweise will man nur ungern hören, dass es vielen Protagonisten der freien Medien ebenso schlecht geht wie einem selbst. Doch jenseits aller Wünsche und Projektionen gilt: Auch Ärzte werden krank, und so mancher Psychologe wird von Depressionen geplagt. Übertragen auf die Aufklärer: Im Zuge meiner Arbeit habe ich viele Protagonisten der freien Medien persönlich kennengelernt, mit nicht wenigen verbindet mich seither eine Freundschaft. Ohne konkrete Namen zu nennen, kann ich versichern: Etlichen davon geht oder ging es zumindest phasenweise sehr schlecht, mich eingeschlossen. Die politische Lage zu analysieren und die Hintergründe zu verstehen, bedeutet keineswegs, über den Dingen zu stehen, im Gegenteil. Je tiefer man das

Netzwerk und die Abgründe der tatsächlichen Machtverhältnisse versteht, desto belastender wird das Leben in einer ignoranten und abgelenkten Gesellschaft. Viele Aufklärer sind dem Druck der letzten Jahre erlegen. Etliche wurden psychisch oder physisch krank, manche haben sich ins Privatleben zurückgezogen, und einige haben ihre Arbeit mit dem Leben bezahlt. Nur die wenigsten machen ihre Leiden öffentlich, wobei die Diagnosen von Krebs über Autoimmunkrankheiten bis hin zu Depressionen reichen.

In seinem letzten Interview mit der *Epoch Times* nimmt Gunnar nicht nur Stellung zu seiner innerpsychischen Belastung, sondern auch zu seiner spirituellen Einstellung:

> *»Der Placeboeffekt zeigt, dass ebendiese geistige Komponente eine große Rolle spielt. Das ist auch etwas, das ich weiterhin erobern möchte. Leider komme ich mir da durch mein philosophisches und materialistisch-reduktionistisch ausgerichtetes Denken selber ein bisschen in die Quere. Ich möchte nicht einfach nur etwas gesagt bekommen, wie esoterische Floskeln. Ich möchte schon wissen, was dahintersteckt. Ob es Evidenz gibt und ob ich das vielleicht sogar wiederholen kann. Ob es sich sogar wissenschaftlich formulieren lässt, sodass ich es in einem Feldversuch darstellen kann. Bei allem anderen können mir viele Leute viel erzählen. Und mit diesem Anspruch, den ich auch sehr gut finde, sabotiere ich mich ein bisschen selbst.*
>
> *Ich möchte aber trotzdem bei mir einfach mal versuchen, es wirklich ernst zu nehmen. Weil ich dann den Zweifel*

völlig fallen lassen muss. Ich muss dann sagen: ›Okay, ich gehe jetzt mal in mich und gehe in diese Geisteskraft. Mein Körper – die Materie – folgt dem Geist und ich bin davon überzeugt.‹ Und diese Überzeugung zu finden, ist bei mir noch ein längerer Weg.

Epoch Times: Spielt Spiritualität bei Ihnen eine Rolle?

Kaiser: Diese Rolle ist auf jeden Fall schon größer geworden. Ich lerne viele spirituelle Menschen kennen oder Menschen, die sich spirituell nennen. Wahrscheinlich, weil sie den Eindruck bei mir haben, dass ich dafür offen bin, was auch stimmt. Gerade spirituelle Menschen stoßen in der Mehrheitsgesellschaft oft auf Skepsis und Ablehnung.

Es gibt dort viele, von denen ich den Eindruck gewinne, dass sie sich oder mir etwas vormachen. Oder sie haben sich ganz viele Themen noch nicht angesehen oder aufgelöst, die sie einfach umgehen wollen. Dieses sogenannte Spiritual Bypassing [Anm. d. Red.: das Unterdrücken von unangenehmen psychischen Prozessen mithilfe von spirituellen Praktiken oder Inhalten], indem sie sagen, ›Es ist alles Licht und Liebe‹ oder ›Ich habe das längst verstanden, ich bin auf dieser materiellen Ebene gar nicht mehr so richtig inkarniert‹.

Da steckt so viel Ego drin. Davor möchte ich mich selber hüten. Darum sage ich von mir nicht, dass ich spirituell sei. Ich habe vielleicht ein gewisses Gefühl und auch eine gewisse spirituelle Erfahrung, die ich machen kann. Aber das ist im Moment meine subjektive Erfahrung. Ich kann nicht sagen, das ist für euch alle so.

Ich habe für mich Wege gefunden, dieses Spirituelle auch in mein Leben einzuladen. Ich mache es mittlerweile mit einem gewissen ›Verve‹, einem gewissen Willen zu sagen: ›Wenn das so ist, dann zeige dich mir. Wenn du, Jesus, existierst – und das glaube ich –, dann zeige dich mir jetzt.‹ Und ich muss sagen, er war nicht unerfolgreich, dieser Ruf.«

Trotz dieses letzten Satzes geriert sich Gunnar im November 2022 vorwiegend noch als agnostischer Skeptiker. Er sei zwar »offen für Spiritualität«, aber sein »materialistisch-reduktionistisch ausgerichtetes Denken« stehe einer unverbrüchlichen Spiritualität im Wege. Der Freidenker fragt sogar nach »wissenschaftlicher Evidenz und Wiederholbarkeit«, womit er jeglichem Glauben eine prinzipielle Absage erteilt. Der Philosoph ist, was er ist – ein Intellektueller, der nichts einfach »glaubt«, sondern alles hinterfragt. So kennt und schätzt ihn auch seine Community. Dann passiert jedoch etwas, das seine Follower überfordert und irritiert. Nach seinem agnostischen Statement verschwindet Gunnar Kaiser für vier Monate von der Bildfläche. Es gibt keinerlei Posts, Videos oder Mitteilungen über ihn. Tatsächlich kommt Gunnar unmittelbar nach dem Seminar »Einfach sein« ins Krankenhaus und ringt monatelang um sein Leben. Als er im März 2023 unvermittelt wieder auftaucht, meldet sich per Audiobotschaft ein frommer Katholik zurück – so scheint es zumindest.

GENUG GETAN?

»Hallo und herzlich willkommen bei Kaiser TV. Ja, heute vielleicht mal mit einem etwas persönlicheren Video, normalerweise geht es ja hier immer etwas abstrakter zu und allgemeingültiger, etwas mehr auf der philosophisch-kulturellen Ebene, mit ganz abstrakten Erkenntnissen. Heute wird es ein bisschen persönlicher und ein bisschen mehr um mich gehen, aber vielleicht auch um Erkenntnisse, die für euch interessant sein könnten. Es heißt ja, ›Philosophieren lernen heißt sterben lernen‹, und dann wäre der Philosoph einer, der gut sterben kann, der das irgendwie gelernt hat, und das ist auch gleich schon mein Thema. Seht es mir nach, wenn ich ein bisschen um meine eigene Erfahrung und Leidensgeschichte herumschwurbele, auch ein bisschen erzähle, denn ich habe sehr viel Anfragen bekommen und auch sehr viel Anteilnahme und gute Wünsche – dafür möchte ich ganz, ganz herzlich danken! Für all die Nachrichten, die ich bekomme von euch, weil sich irgendwie herumgesprochen hat, dass es mir nicht so gut geht.

Das stimmt tatsächlich, es ging schon besser. Seit eigentlich Oktober, November letzten Jahres geht's mit mir rasant bergab, würde ich sagen. Im Dezember habe ich dann eine etwas ausführlichere Untersuchung gemacht, wo mir dann auch ein Arzt gesagt hat: ›Ja, so lange Zeit haben Sie nicht mehr.‹ Also wo es dann so eine Art Ultimatum gibt, so eine Art Moratorium. Und das musste ich natürlich erst mal verkraften und damit zurechtkommen. Es ist mir eben auch körperlich und dann auch seelisch sehr schlecht gegangen. Ich konnte sehr wenig tun, sehr wenig leisten, überhaupt gar nichts lesen. Ich glaube, ich habe in den ganzen vier, fünf, sechs Monaten nur zwei oder drei Bücher gelesen, nicht mal viel nachgedacht habe ich, sondern einfach versucht, da hineinzufühlen, in diese neue Situation.

Ja, was macht das mit dir, wenn du hörst: ›Ja, bereiten Sie mal Ihre letzten Dinge vor, lange haben Sie nicht mehr.‹ Es ist gar nicht mal so ein Grübeln gewesen, sondern ebenso ein Versuch, das abzuwägen. Zu wissen, wie viel soll man noch kämpfen und wie viel soll man akzeptieren, also wie viel soll man da reingehen, sagen okay – wenn es das jetzt ist, wenn das der Schicksalsspruch ist, dann ist es vielleicht am besten, diesen Weg auch zu gehen, anzunehmen und dann eben auch die letzten Dinge zu tun. Und das ist eigentlich mein heutiges Thema.

Aber mein Thema in den letzten Wochen und Monaten, das, was mich umtreibt: Ich habe angefangen zu beten, so kann man es nennen, also mehr als nachzudenken habe ich eigentlich versucht zu beten, zu bitten. Nicht so sehr mit der Bitte ›Lass mich wieder gesund werden, nimm diesen Kelch von mir‹, sondern eher für meine Seele, für mein Seelenheil. Okay, wenn das, ähm, wenn das jetzt zu Ende geht, dann möchte ich alles tun, um meine Seele, ja, ins Himmelreich kommen zu lassen. Und darum bitte ich.

Und da stellte sich das Problem – wann ist es denn eigentlich genug damit? Habe ich denn irgendwann mal genug gebetet? Also, im Leben selber hat man das ja oft genug, dass man sich fragt: ›Habe ich genug getan?‹ Und ich habe mich das auch oft gefragt, auch öffentlich. Zum Beispiel bei, sagen wir mal, politischem oder gesellschaftlichem Engagement, dass man sagt: Okay, ich habe viele Aktionen gemacht, ich habe viele Gedanken entwickelt, ich habe viele Interviews geführt, ich habe viele Worte geäußert – war das genug? Habe ich genug getan, um diesen Problemen zu begegnen? Diesen gesellschaftlichen Problemen? Aber das gibt es ja auf jeder Ebene, nicht zuletzt der der Gesundheit natürlich. Habe ich mich gesund genug ernährt? Habe ich genug Sport getrieben? Habe ich genug geschlafen? Habe ich mich genug entspannt? Und so weiter. Oder in der Beziehung: Habe ich genug Zeit, genug tolle Momente mit meiner Frau verbracht? Als Vater: Habe ich genug Zeit mit meinen Töchtern verbracht? Habe ich genug Vorbildfunktion gezeigt? Habe ich ihnen genug Möglichkeiten gegeben, im Leben? Habe ich genug getan? Und das ist so eine Logik natürlich, die, glaube ich, sehr normal ist für unser Menschenleben der Verhältnismäßigkeit, dass wir unseren Einsatz hinterfragen und uns immer wieder fragen müssen und immer wieder auch daran zweifeln müssen: War es genug? Oder war es zu wenig für den Ertrag? Beziehungsweise wird es den Ertrag bringen? Und wenn – man sieht ihn ja nicht. Man sieht ihn nicht bei den politischen und gesellschaftlichen Problemen, die man versucht zu tangieren, bei der Gesundheit auch nicht. Immer, das ist manchmal etwas verborgen, bei der Beziehung oder gerade eben in der Erziehung von Kindern, da kann es manchmal sein, dass man dann die Zweifel hat und sagt, also offensichtlich habe ich nicht genug getan. Aber was hätte ich denn noch mehr tun können? Und, na ja, und diese Verhältnismäßigkeit von Einsatz und Ertrag, das muss man immer wieder hinterfragen.

Aber darum geht's gar nicht heute bei mir, oder ging es in den letzten Wochen und Monaten gar nicht bei mir, diese Verhältnismäßigkeit auf das Leben im Allgemeinen bezogen, denn da kann man ja auch mit einer gewissen Erfahrung rechnen. Dann sagt man: Gut – das und das habe ich getan an Ernährung und Sport und guter Erholung, und so sieht meine Gesundheit aus. Da scheint es doch eine gewisse Korrelation zu geben, um nicht zu sagen Kausalität, und diese Erfahrung kann man machen.

Jetzt geht es bei mir bei diesem Beten für mein Seelenheil und bei der Frage ›Habe ich genug getan, habe ich genug gebetet?‹ aber nicht um diese Art von Logik, nicht um diese Art von Verhältnismäßigkeit. Oder ich weiß es gar nicht, das ist nämlich genau die offene Frage, die ich, glaube ich, heute auch offenlassen werde, wenn es um mein Nachleben geht, also um das Beten und das Himmelreich und das Seelenheil. Ist das dann die gleiche Logik der Verhältnismäßigkeit von Einsatz und Ertrag, dass ich sagen kann: Ich habe soundso viel gebetet und gebeten und soundso viel eingesetzt – und dann müsste auch das und das rauskommen? Da sieht man natürlich schon, dass das eine metaphysische Ebene tangiert, dass es da eben keine Erfahrungen gibt, keine Empirie, also zumindest habe ich da keine vorliegen. Jemand, der soundso viel gebetet hat, wird der soundso dann auch im Himmelreich sitzen? Die Frage ist ja: Kann man das überhaupt beeinflussen? Gibt es da diese Art Erfolgslogik? Also etwas soll ja erfolgen, wenn wir etwas einsetzen. Ja, ich setze einen bestimmten Betrag ein, einen finanziellen Betrag, um mich gesund zu ernähren, und dann möchte ich auch, dass dabei etwas herauskommt, also eine Erfolgslogik. Und da wäre natürlich die Frage, ob das bei dieser Ebene des Betens für das Seelenheil, für diese metaphysischen Fragen und für diese letzten Dinge überhaupt noch gilt. Dass ich mich überhaupt frage, dass wir uns überhaupt fragen können im Leben, sollten wir das übertragen? Habe ich genug gebetet, habe ich genug getan für mein Seelenheil? Also, das ist ja nicht nur beten, das sind ja auch gute Taten. Oder was ist zum Beispiel mit in der Bibel lesen oder, ja, Bibelverse auswendig lernen, zur Messe gehen, die heilige Kommunion empfangen, was man alles machen kann, es ist ja nicht nur beten. Aber ich möchte mich heute mal darauf beschränken.

Außerdem kann man natürlich auch fragen, nicht nur: ›Habe ich genug getan?‹, sondern ›Habe ich auch genug gelassen?‹. Also, habe ich genug Dummes unterlassen, habe ich genug Schlechtes unterlassen, also jetzt zum Beispiel bei der Gesundheit, habe ich genug Schlechtes nicht gegessen oder andere Dinge? Das bei dem Beten finde ich schwieriger. Habe ich genug schlechtes Beten unterlassen? Ich weiß gar nicht, kann man schlecht beten? Aber ja. Das ist dann die nächste Frage. Nicht nur ›Habe ich genug getan?‹, sondern ›Habe ich es gut genug getan?‹. Also zum Beispiel in der

Beziehung oder bei der Erziehung als Vater. Dann wird man sich ja nicht nur fragen: ›Habe ich genug Zeit mit meinen Töchtern verbracht?‹, sondern: ›War die Zeit auch gut, die ich mit ihnen verbracht habe?‹ ›War das etwas Sinnvolles, war ich ihnen wirklich ein Vorbild, das sie auch erreichen kann oder ihnen etwas mitgibt, im positiven Sinne?‹ Und dann muss man sich diese Frage natürlich auch stellen: ›Habe ich das gut genug getan?‹

Bezüglich der Qualität des Handelns ist das klar, aber wie ist das wiederum beim Beten, wie ist das wiederum bei dieser metaphysischen Frage? Was heißt denn ›gutes Beten‹? Also, wenn ich eben gefragt habe: Gibt es schlechtes Beten? Ich weiß es gar nicht. Gibt es ein schlechtes Beten? Wenn es doch einigermaßen ehrlich ist? Aber, ja, vielleicht man kann schon konzentrierter und weniger konzentriert beten, man kann vielleicht doch ehrlicher und weniger ehrlich beten, vielleicht kann man auch mit mehr Vertrauen und Zutrauen beten und mit weniger. Das wird sicherlich auch eine Frage sein: ›Habe ich gut genug gebetet?‹ Aber, es ist, glaube ich, kein Ersatz, so wie man sagen kann, na ja, es geht gar nicht um die Quantität, sondern es geht nur um die Qualität, also es geht ja auch nicht an, dass man zum Beispiel sagt: Ja, ich war ja als Vater einmal eine Stunde anwesend in der Erziehung meiner Kinder, und die war echt richtig, richtig gut. Das war richtige Quality time, also Qualität vor Quantität. Es muss auch schon eine gewisse Regelmäßigkeit sein, das ist also kein absoluter Ersatz, auch das Gute muss ja öfter getan werden. Und ja, da reicht es nicht, zu sagen, ich muss es nur einmal richtig gemacht haben, also ich muss nur einmal richtig gebetet haben im Leben, und dann habe ich das Himmelreich erworben.

Also im Grunde genommen ist dann wieder auch diese Erfolgslogik da im Denken, dass ich mir manchmal denke: Ich muss das wie einen Bergwerksstollen durchbohren, ich muss richtig reindrillen, und wenn ich das mit meinem Denken oder mit meinem Fühlen auch und mit meinen Gedanken und mit meinem Geist so richtig durchdringen kann, so richtig intensiv, dann habe ich den Durchbruch. Wenn dann wirklich Wasser herausspritzt, dann ist der Durchbruch da und dann ist ja alles klar. Dann hat Jesus Christus mich erkannt und gesagt: ›Ja, okay, habe ich gehört, das war gut genug, reicht jetzt.‹ Und ich glaube, das ist auch wieder so eine Erfolgslogik, dass man sich dann so anstrengen muss. Man muss es halt richtig machen, wie man ja auch richtig meditieren soll. Man soll lernen, nicht nur so dazusitzen, sondern eben sich dabei richtig konzentrieren, fokussieren und die Zeit auch richtig nutzen. Aber was heißt dann wieder ›richtig nutzen‹? Beim Beten? 24 Stunden am Tag? Zumindest regelmäßig, fünfmal am Tag? Ja, man hat ja noch anderes zu tun. Man muss ja auch noch leben, noch mal so nebenher, und das wäre irgendwie eine komische Existenz, in die uns Gott hier geworfen hat, wenn es eigentlich nur darum ginge, 24 Stunden nicht zu leben, sozusagen. Also, nur in diesem Gebetsgedanken zu sein und dabei gar nicht mehr zu handeln und sich des Lebens zu erfreuen. Oder auch mal nichts zu tun, oder was man sonst noch so tun und lassen kann, im Leben.

Ja – wie viel ist genug? Habe ich genug getan? Ich habe euch versprochen, dass ich diese Frage offenlassen werde.

Wahrscheinlich werden jetzt in den nächsten Tagen, Wochen, Monaten noch ein paar Videos kommen. Dann wird es vielleicht mehr auch um solche Fragen gehen und dann wird es auch weiter offene Fragen geben, wo es mich interessiert, was ihr dazu denkt. Also die Frage ›Habe ich genug getan?‹ ist natürlich sehr persönlich jetzt für mich. Aber vielleicht sind für euch ja Gedanken und Erkenntnisse darin, die ihr mit uns teilen möchtet. Da wäre ich sehr gespannt drauf. Wenn ihr mögt, schreibt das gerne in die Kommentare oder lasst es mir anderweitig zukommen. Danke noch mal, ganz, ganz herzlichen Dank für eure Wünsche und die viele Anteilnahme, die ich bekomme! Und ja, ich kann leider nicht auf alles antworten und auch nicht so ausführlich. Das ist wirklich sehr viel. Ich hoffe, ihr seht mir das nach, wenn das etwas länger dauert oder wenn manchmal gar nichts kommt. Und ich lese alles, und alles kommt an, also – noch mal herzlichen Dank dafür!

Das war's für heute bei Kaiser TV, und ich hoffe, euch hat es gefallen. Bis zum nächsten Mal, macht's gut!«[68]

DAS GESCHENK

Wer Gunnar Kaiser nur aus diesem Beitrag kennt, wird sich vermutlich fragen, warum er als großer Freidenker und Philosoph galt. Oder gar, warum so ein Mensch überhaupt so eine große Reichweite generieren konnte. Auch intellektuelle Wegbegleiter und etliche Follower waren irritiert und überrascht von dieser klassisch christlichen Fragestellung – und dies sollte das große Vermächtnis des Helden der Corona-Aufklärung sein? Fragen über Schuld, Sühne und ungenügende Leistung? Über einen Kuhhandel mit Gott? Über die Frage, ob man ins Himmelreich kommt? Gunnar produzierte dieses Video, eigentlich nur ein Audio, weil er zu schwach war, um vor die Kamera zu treten, nach dreimonatiger intensivmedizinischer Betreuung. Während dieser Zeit wog er noch 46 Kilo und konnte weder schlucken noch stehen, oder anders gesagt, sein Leben hing an einem seidenen Faden. Wer selbst noch nicht mit schwerer Krankheit auf dem (vermeintlichen) Totenbett lag, wird sich vermutlich nur schwer in derartige Gedanken einfühlen können. Mit der Erfahrung der eigenen

Todesnähe wird man Gunnars Überlegungen möglicherweise gütiger bewerten. Trotzdem – was bleibt, ist eine Verunsicherung innerhalb seiner Community, die bereits nach einigen Aussagen im letzten Interview mit der *Epoch Times* irritiert ist. Ein Text, der diese Verunsicherung zum Ausdruck bringt, ist ein Kommentar auf Facebook, kurz nach Gunnars Tod:

> *»Ich habe wie viele andere auch monatelang gehofft und gebangt und war dann von der Todesnachricht doch sehr getroffen, obwohl sie zu erwarten war. Ich wollte auf Gunnars fb-Seite ›Philosophie‹ eine Würdigung posten, die allerdings nicht veröffentlicht wurde. Ich hatte dort schon im März gewagt, Fragen über Gunnar zu stellen, da mich seine in einem Interview in Bezug auf Jesus geäußerten Bemerkungen überrascht und irritiert hatten: ›Wenn du, Jesus, existierst – und das glaube ich –, dann zeige dich mir jetzt. Und ich muss sagen, er war nicht unerfolgreich, dieser Ruf.‹ Dieses Zitat hat mich etwas verstört und passt so gar nicht zu meinem Bild von Gunnar Kaiser, das ich mir nach vielen seiner Videos und nach seinen Büchern gemacht hatte.*
>
> *Ist das noch der kritische Philosoph? Was bedeutet ein Jesus für ihn? Was bedeutet Glauben für ihn? Geht es ihm so schlecht, dass er Zuflucht in seinem Kinderglauben suchen muss? Oder hat er eine höhere Stufe der spirituellen Erkenntnis erreicht?*
>
> *Ich verstehe es nicht. Damit bin ich wohl bei einigen in Fettnäpfchen getreten und erntete von ihnen Shitstorm*

statt Auseinandersetzung. (Meine Fragen hat Gunnar persönlich leider nicht beantwortet.)
Mein Text zum Abschied: Er hörte Stimmengemurmel und jemanden leise sagen: ›Ich glaube, er wacht auf!‹ Da öffnete er langsam die Augen und wunderte sich, dass die Kanüle in seinem Arm und all die medizinischen Gerätschaften verschwunden waren und er gar nicht mehr in seinem Krankenhausbett lag, sondern auf einer bequemen Liege an einer großen, reich gedeckten Tafel. Als er sich umschaute, sah er mit Erstaunen eine Menge seltsam gekleideter fremder Menschen, die ihn alle freundlich anlächelten. Je länger er sie betrachtete, desto mehr hatte er das Gefühl, sie schon einmal irgendwo gesehen zu haben. Ein glatzköpfiger Alter mit einem etwas mopsigen Gesicht rief ihm zu: ›καλώς ήρθες!‹ Das war griechisch und bedeutete: ›Sei willkommen!‹ Die anderen lachten, und einer meinte: ›Sokrates, lass ihm noch ein bisschen Zeit!‹ Da dämmerte es ihm langsam, dass er wohl in eine Runde von Philosophen geraten sein musste. Er erkannte Platon und Aristoteles. Sogar Diogenes hatte sich eingefunden, und Hypatia und Hannah Arendt lagen gleich nebenan. Nietzsche diskutierte leise mit Schopenhauer, während Gadamer mit Popper scherzte und Bloch dem alten Kant einen jüdischen Witz erzählte.
›Aber, aber …‹, stotterte er. ›Ich wollte doch zu Jesus in das Himmelreich!‹
›Gedulde dich, mein Freund!‹, rief ihm Hegel zu. ›Jesus holt gerade noch etwas Brot und Wein, damit wir deine Ankunft gebührend feiern können!‹ Bevor jemand unter-

stellt, ich hätte Jesus damit zum Bediensteten degradiert, möchte ich erwähnen, dass er von einigen Forschern nicht ohne Grund als kynischer Philosoph gesehen wird und durchaus in diese Runde passt!
Gunnar war für mich in den letzten Jahren eine der wichtigsten Personen, bei denen ich Trost und Unterstützung fand. Bei den von ihm ins Leben gerufenen ›Feuern der Hoffnung‹ habe ich wunderbare Menschen kennengelernt. Ich vermisse ihn sehr.«[69]

Der Kommentator Henryk R. Chruściel ist sichtbar enttäuscht von Gunnar Kaiser, den er als Denker verehrte und den er in seiner Vision eines »Himmels« souverän im Kreise großer Philosophen platziert. Gunnars urchristliche Frage nach Gnade und Schuld erscheint ihm als naiver »Kinderglaube« oder – immerhin das lässt er offen – als eine höhere Stufe der Erkenntnis, die sich seinem Verständnis entzieht.

Die große Herausforderung, Gunnar Kaiser in diesem Format gerecht zu werden, besteht in der Unmöglichkeit, seine umfangreiche philosophische Kernarbeit abbilden zu können. Um diese aufzuzeigen, müsste ich aus vielen Werken und Videos zitieren, und das kann dieses Buch nicht leisten. So bleibt mir nur der Verweis auf Gunnars originale Quellen. Die Schwierigkeit an dieser Konzeption besteht vielleicht auch darin, dass ich einen gewissen Schwerpunkt auf Gunnars letzte Lebensphase legen muss. Doch nur so lässt sich das Zeitgeistphänomen Kaiser und der gesellschaftliche Freiheitsverlust zusammenführen und verstehen. In diesem Buch möchte ich abbilden, woran der Philosoph Gunnar Kaiser verzweifelt ist, denn diese Verzweiflung steht auch exemplarisch für die Spaltung dieser Gesellschaft, die sich durch Behörden, Vereine, Betriebe und Familien zieht.

Alle relevanten Fragen, die Gunnar gegen Ende seines Lebens umtreiben, die Infragestellung der Sinnhaftigkeit einer Aufklärungsarbeit, den etwaigen Zusammenhang mit seiner Krankheit sowie die allzu menschlichen Überlegungen persönlicher Ungenügsamkeit, verdichtet er in drei emotionalen Videobeiträgen: Die Videos »Meine Grenze ist erreicht«, »Habe ich genug getan?« und »Sprung ins Ungewisse« werden allein eine Million Mal aufgerufen und generieren den höchsten Traffic seiner Karriere – trotzdem werden sie seinem philosophischen Intellekt nicht wirklich gerecht. So ist es kein Zufall, dass zwei reichweitenstarke Videoblogger und Freidenker-Kollegen von Gunnar am adäquatesten reagieren, die keinen Hehl aus ihrer eigenen Religiosität machen. Der Wiener Psychiater Raphael Bonelli, der das »Institut für Religiosität in Psychiatrie und Psychotherapie« (RPP) gegründet hatte, sowie der Theologe Johannes Hartl, der das Gebetshaus Augsburg ins Leben rief. Bonelli und Hartel betreiben ebenfalls erfolgreiche YouTube-Kanäle, auf denen sie sich zu Zeitfragen und Spiritualität äußern. Da die Beiträge in gewisser Hinsicht redundant sind, beschränke ich mich hier auf die Antwort von Dr. Hartel, in der er einer vermeintlichen Naivität des Beitrags »Habe ich genug getan« widerspricht:

»[…] Ich habe keine Ahnung, wie das bei mir mal sein wird und welche Gedanken ich mir im Angesicht des Todes machen werde und ob meine Glaubens- und Verstandes- und Lebenskonstrukte da halten werden. Aber ich möchte Ihnen danken, dass Sie uns diese Perspektive öffnen, die wir im Alltag einfach so wahnsinnig oft aus dem Blick verlieren. Das ist ja wirklich unglaublich, wir leben so vor uns hin, als wäre das normal, und sterben tun immer die anderen. […] Wir sind in jedem Moment einen Telefonanruf entfernt von dem absoluten Desaster, wir sind einen Befund beim Arzt entfernt von dem absoluten Desaster und trotzdem tun wir so, als könnten wir es uns irgendwie gemütlich einrichten in diesem Leben und das ist einfach ein großer Trugschluss. Und dann nehmen Sie uns einfach mit hinein in die Realität und ich finde, es ist erstaunlich und irgendwie berührend, dass Sie sagen, dass Sie in dieser Situation angefangen haben zu beten. Mich fasziniert dieses Thema Gebet schon ganz lange und deswegen erlauben Sie, dass ich ein paar Gedanken dazu auf diese offenen Fragen, die Sie mit uns teilen, mitgebe, auch mit dieser Frage ›Habe ich genug getan?‹

Erst mal: Ich finde die Frage ›Habe ich genug getan?‹ ist so hilfreich, so gut, wenn jemand im nahen Umfeld im Sterben liegt. So kann man sich die Frage stellen: Habe ich ihr, habe ich ihm oft genug gesagt, dass ich ihn oder sie liebe und habe ich in diese Beziehung intensiv genug investiert. Und wir leben ja eher in Zeiten, die sehr stark betonen: Mach das, was für dich passt und lebe deinen eigenen Traum. Ja, das ist schön und gut, aber das ist nur eine

Seite der Medaille. Die andere Seite ist, dass wir auch Verpflichtungen haben, nämlich das Gute zu wählen und jeder, der sich selber beim Leben zuschaut, sieht, dass er nicht immer das Gute wählt, dass wir nicht immer genug tun und es muss nicht Selbstverdammnis sein und Selbstablehnung, das ist einfach nur Realismus. Manche Leute haben viel zu viel Selbstwertgefühl oder sind viel zu überzeugt von sich und ich glaube, wenn wir als Menschen diese Frage stellen ›Habe ich genug getan?‹, wenn wir die aus dem Blick verlieren, dann gnade uns Gott im wahrsten Sinne des Wortes. Dann werden wir überheblich und verblendet und oft genug sind wir Menschen das.

Sie haben angefangen zu beten und das ist verständlich, denn es gibt Dinge, die wir nicht erklären können, und das ultimativ Unerklärliche ist im Letzten der Tod. Es ist schon lustig, wir Menschen leben so vor uns hin und sagen, ja, ja, ich glaube an das, was ich mit den Augen sehen kann und was ich verstehen kann. Aber es gibt Dinge, wo wir nichts mehr verstehen können. Viktor Frankl sagt, es gibt die tragische Trias Leiden, Schuld und Tod, das sind so die Momente, wo alle unsere oberflächlichen Sinnkonzepte dran zerbrechen, wo wir merken, okay, ich kann mir alles schön herbeierklären, ich bin einer von den Guten. Ja, wenn ich mal was mache, was wirklich böse ist, wenn ich richtig in den Mist reintappe, was dann? Und ich kann mir irgendwie alles erklären und ich bin ganz klug …

Was ist, wenn Leiden in mein Leben kommt? Oder im Letzten, wenn der Tod in mein Leben kommt und anklopft und ich nichts mehr verstehen kann? Das ist der

Ort, wo man entweder zynisch wird oder einfach gar nichts sagt – oder vielleicht anfängt zu beten. Und Gebet ist für mich persönlich so dieser intime Herzensdialog mit dem ewigen Du, also eben nicht nur mit einer kosmischen Energie oder so, weil ich bin ja Person. Ich bin Person, ich kann es nicht bestreiten, dass ich eine Person bin. Und der, der mich gemacht hat, oder die Kraft die mich gemacht hat, muss selber auch mindestens personalen Charakter haben. […]
Ihr Gebet gleicht ein bisschen dem Gebet, das Jesus auch gebetet hat: ›Wenn es möglich ist, lass diesen Kelch an mir vorübergehen, aber nicht mein Wille, sondern dein Wille geschehe.‹ Das ist ein wirklich demütiges und sehr reifes und weises Gebet. Und dann beten Sie, wie Sie im Video sagen, ja um das Seelenheil und darum, ins Himmelreich aufgenommen zu werden. Das ist ja was – meine Güte! Ich glaube, wenn man sich bequem im Leben eingerichtet hat, dann klingt es vielleicht naiv oder da sind wir doch heute weiter und ich glaube, das ist alles Quatsch, das ist alles Quatsch. Ich glaube, im Angesicht des Todes werden wir alle wieder wie Kinder und diese tiefe Frage: ›Gehts wirklich weiter, darf ich hoffen oder nicht?‹, die, glaube ich, beschäftigt jeden Menschen, an der kommen wir nicht vorbei. Kann es wirklich sein, dass dieses ›Ich‹, dass ›Ich bin‹ ins Leere stürzt? Ins Nichts stürzt? Oder gibt es ein Weiterleben? […]
›Habe ich genug getan?‹, ›Habe ich genug gebetet?‹, ›Habe ich genug geliebt?‹ – Ich glaube, dass es keinen Menschen gibt, der diese Fragen nach innen ganz tief stellen und

bejahen kann. Ich glaube das nicht. Ich glaube nicht, dass ein Mensch sagen kann: ›Ja, ja, ich habe alles richtiggemacht, ich habe alles genug getan.‹ Und wenn jemand das sagen würde, dann wäre er total überheblich und spätestens Leute in seiner Umgebung würden sagen: Ja, du warst aber nicht vollkommen, weil es keine vollkommenen Menschen gibt. Und es ist die Frage: Wie gehen wir mit dieser Kluft um? Wollen wir da verzweifeln? Oder dürfen wir hier hoffen? Und in ihrem Video sagen sie an einer Stelle so ganz interessant: ›Ja, aber funktioniert das überhaupt so, beim Beten?‹ Oder mit dem ewigen Leben? So nach einer ökonomischen Vorstellung? Also praktisch, ›Ich tu was und dann ernte ich was‹? Erst mal, ich glaube vieles im Leben funktioniert wirklich schon so und deswegen möchte ich das total unterstreichen, was Sie sagen. Es geht auch beim Glauben, es geht in einem Gebet sehr wohl auch um eine Entschiedenheit. […]
Muss ich genug beten, fasten, irgendwas machen, meditieren, um in den Himmel zu kommen? Oder gibt es da auch den Geschenkcharakter? Und ich persönlich glaube, es gibt den Geschenkcharakter und ich glaube, der ist sogar die Mitte des Geheimnisses. Wir feiern jetzt in ein paar Tagen Ostern und die Botschaft von Jesus Christus, die unter anderem im Johannesevangelium am Anfang des Johannesprologs steht, lautet: ›Christus, Jesus, kam voll Gnade und Wahrheit.‹ Und ich mag diese Kombination total. Die Wahrheit ist dieses realistische, dieses ›Habe ich genug getan?‹ und nicht diese billige Gnade, nicht dieses Wegreden, sich Herauswinden. Ich glaube, das Erbeben,

das Gericht, das braucht's, dass ich mir die Fragen stelle: ›Habe ich genug getan?‹ ›Habe ich es mir zu leicht gemacht?‹ ›Habe ich mir Gott kleingeredet?‹ ›Habe ich mir mein kleines Konzept gebastelt?‹ Und dann zu merken in diesem Erbeben, dass das Ich sagt: ›Ich stehe mit leeren Händen vor dir, Gott, und ich weiß nicht, ob ich bestehen kann.‹

In diesem Moment der Kapitulation begegnet mir das Zweite, nämlich die Gnade und das Evangelium. Diese Geschichten von Jesus sind ja voll mit diesen Begegnungen. Es gibt diese religiös Abgehärteten, die denken, sie sind ganz toll – denen gibt Jesus mehr oder weniger eine Abfuhr. Und die, die gar nicht mehr auf sich selber vertrauen, die wissen, sie sind komplett gescheitert, aber sie werfen ihr Vertrauen auf Jesus, die werden errettet. Ja, und der Erste, wenn ich es richtig sehe, von dem in der Bibel klar gesagt wird, dass er in den Himmel kommt, das ist der Typ, der neben Jesus gekreuzigt wird, und zwar, weil er ein Mörder war. Oder es war auf jeden Fall ein Mensch, der nicht gut gelebt hat. Es gibt einen Grund, warum man zum Tode verurteilt wurde, und er sagt zu Jesus nur einen Satz. Er sagt: ›Denk an mich, wenn du in deinem Reich bist‹, und dann sagt Jesus: ›Noch heute wirst du mit mir im Himmelreich sein.‹

Und ich, ich persönlich wünsche mir, wenn ich in den Tod gehe, diese Haltung. Ich hoffe, dass sie mir geschenkt wird. Ich weiß nicht, wie es mir dann gehen wird, aber ich werde an diesem Tag nicht auf mein eigenes Leben blicken, weil da gibts nicht so viel zu blicken. […] Ich wünsche

Ihnen auch diesen Blick auf Christus. Diesen Blick auf Jesus, der sagt, ich werfe mich auf dich. Ich werfe mich auf dich und ich wünsche mir auch, ich hoffe, dass ich diesen Blick haben werde. Der sagt, ›Habe ich genug gebetet?‹ – Vielleicht nicht. ›Habe ich gut genug gebetet?‹ – Vielleicht nicht. ›Habe ich gut genug gelebt?‹ – Vielleicht nicht. Und ich werfe mich im Vertrauen auf Jesus, der mich hindurchliebt durch die Nacht des Todes. […]«[70]

LETZTES PROJEKT

Nach Analyse seiner persönlichsten Videos komme ich immer mehr zu dem Schluss, dass Gunnars Krankheit nicht zuletzt seiner politischen Ohnmacht geschuldet ist. Kernkonflikt war das vermeintliche Missverhältnis von »Anstrengung und Ertrag«, denn trotz seiner großen Popularität hatte der Aufklärer das Gefühl, recht wenig erreicht zu haben:

> *»… dass wir unseren Einsatz hinterfragen und uns immer wieder fragen müssen und immer wieder auch daran zweifeln müssen: War es genug? Oder war es zu wenig für den Ertrag? Beziehungsweise wird es den Ertrag bringen? Und wenn – man sieht ihn ja nicht. Man sieht ihn nicht bei den politischen und gesellschaftlichen Problemen, die man versucht zu tangieren, bei der Gesundheit auch nicht.«*

Nach jahrelangen Videoproduktionen, unzähligen Gesprächen, Artikeln und zwei Bestsellern konstatiert der Philosoph die prinzipielle Sinnlosigkeit intellektueller Aufklärungsarbeit. Zum selben Schluss kam auch der verfemte Autor Rolf Peter Sieferle, nachdem er *Finis Germania* geschrieben hatte und in den Freitod ging. Das vermeintliche Versagen der Intellektuellen und die Gewissheit eines aufziehenden Totalitarismus in technokratischem Gewand werden zentrale Feststellungen in den letzten Videos. Daran schließt Gunnar die existenzielle Frage an, ob und in welcher Weise man mit diesen Erkenntnissen weiterleben möchte:

> »*Was, wenn wir eine Gesellschaft nicht mehr ertragen? Was, wenn uns nichts mehr hält in dem, was wir einst zu Hause nannten? Weil ein repressives Klima um sich greift, von dem klar ist, dass es nicht verschwinden wird? Selbst wenn jetzt umfassende Lockerungen kämen, wird es nicht verschwinden. Weil es eben ein Teil unserer Realität, unseres Alltags bereits geworden ist. Was, wenn viele, die derzeit diese Maßnahmen befürworten, die wir einst unsere Freunde nannten, dabei mitmachen, uns ausgrenzen und diffamieren, wenn sie uns nicht mehr verstehen? Genauso wenig wie wir sie. Was, wenn wir das Gefühl haben, dass, selbst wenn sie morgen zu uns kämen, um einzugestehen, dass wir recht hatten, dass wir dann nicht in einer Gesellschaft leben wollten, die diese Verletzungen zugelassen hat? Wir wissen, dass wir hier rausmüssen, aber wir wissen nicht, wohin und deshalb verharren wir, deshalb bleiben wir da, wo wir sind. Unglücklich, unfähig auszubrechen, auch wenn der Drang danach immer stärker wird […].*«[71]

Im Fortgang des Beitrags »Sprung ins Ungewisse« leitet sich Gunnar dann über das Zitieren verschiedener Philosophen ab, dass die gesellschaftliche Freiheit nicht die wichtigste ist – solange der Mensch nur innerpsychisch und mental frei bleibt. Trotzdem werde ich bei seinen Ausführungen das Gefühl nicht los, dass er darum kämpft, sich dies auch selbst zu glauben. Mit seiner großen Desillusion, die letztendlich seine Krankheit fördert, ist Gunnar Kaiser nicht allein. Viele Freidenker, die sich in den dunklen Jahren der Repression verausgabt hatten, geht es ebenso – mich eingeschlossen. Das von Gunnar schmerzlich festgestellte Missverhältnis von »Anstrengung und Ertrag« lässt sich vielleicht besser nachvollziehen, wenn man den enormen Einsatz vieler Freidenker betrachtet. Auch für mich kann ich sagen, dass die Arbeit der letzten Jahre nicht spurlos an meiner Gesundheit vorbeigegangen ist. Meine Trilogie im Europa Verlag, nebst *Impfbuch*, umfasst zusammen ca. 1800 Buchseiten, die in relativ kurzer Zeit geschrieben wurden. Ich verstehe Gunnars Gefühl der Leere und Sinnlosigkeit bezüglich derartiger Kraftakte. Auf den ersten Blick haben die Aufklärer gesamtgesellschaftlich betrachtet wenig bewirkt. Natürlich gab es Zuspruch und Schulterklopfer. Aber eben nur von jenen, die ohnehin schon alles wussten. Der Löwenanteil der Mitbürger lässt sich weder aufwecken noch erreichen. Viele der diffamierten Aufklärer wurden krank oder zogen sich zurück. Erst kürzlich gestand ein weiterer Star der freien Medien, Boris Reitschuster, dass es vielleicht sinnvoller wäre, Straßenkatzen zu retten, als sich weiterhin mit journalistischer Aufklärungsarbeit aufzureiben:

»[…] Man spürt eine furchtbare Machtlosigkeit [bezüglich des Elends der Straßenkatzen] und das Tier ist mir wirklich ans Herz gewachsen und ich hoffe jetzt, dass ich ihn morgen früh finde, ich muss aber morgen früh fliegen und versuche jetzt was zu organisieren, um dieses Kätzchen zu retten und ja, es erfüllt einen mit Demut und macht einen so traurig und ich denke mir, ja, ich mach so viel Politik, aber mit dem Hintern kann man keine Wellen brechen. Vielleicht wäre es Zeit, was ganz anderes zu machen. Vielleicht wäre es Zeit, das alles aufzugeben und etwas zu machen, was wirklich großen Sinn hat und für Katzen hier was auf den Weg zu bringen […].«[72]

Was sich nach einer lustigen Anekdote anhört, wirkt anders, wenn man die Emotionalität Reitschusters gesehen hat, mit der er diese Worte ausspricht. Auch er wurde im Zuge seiner Selbstausbeutung schwer krank und wäre an einer verschleppten Blinddarmentzündung beinahe gestorben, wie er in einem anderen Video bekennt. Vielleicht liegt die tiefe Frustration vieler Aufklärer auch in der natürlichen Grenzerfahrung des menschlichen Willens – wo endet die eigene Einflusssphäre und wo ist Kapitulation vor etwas Größerem angezeigt? Diesbezüglich habe ich an anderer Stelle bereits das sogenannte Gelassenheitsgebet zitiert:

»Gott, gib mir die Gelassenheit, Dinge hinzunehmen, die ich nicht ändern kann, den Mut, Dinge zu ändern, die ich ändern kann, und die Weisheit, das eine vom anderen zu unterscheiden.«[73]

Zum geistesgeschichtlichen Hintergrund des Gelassenheitsgebetes merkt Wikipedia an:

> *»Gleich im ersten Satz seines Handbüchleins der Moral unterscheidet der Stoiker Epiktet: ›Das eine steht in unserer Macht, das andere nicht. In unserer Macht stehen: Annehmen und Auffassen, Handeln-Wollen, Begehren und Ablehnen – alles, was wir selbst in Gang setzen und zu verantworten haben. Nicht in unserer Macht stehen: unser Körper, unser Besitz, unser gesellschaftliches Ansehen, unsere Stellung – kurz: alles, was wir selbst nicht in Gang setzen und zu verantworten haben.‹«*

Unbedingt würde ich Gunnar Kaiser, Clemens G. Arvay, Boris Reitschuster und vielen weiteren Aufklärern sagen, dass ihre Arbeit wertvoll und voller Frucht war. Man mache sich einmal Folgendes klar: Was wäre gewesen, wenn es ausschließlich die vereinheitlichte Meinung der Massenmedien gegeben hätte? Wenn allein die Stimmen von Angela Merkel, Markus Söder, Karl Lauterbach, Christian Drosten, Lothar Wieler, Bill Gates und Ursula von der Leyen maßgebend gewesen wären? Die Massenbildung wäre eine noch totalere gewesen, und aufgrund einer Impfpflicht läge die Impfquote bei nahezu 100 Prozent. Dass es überhaupt etwa 22 Prozent »Impfverweigerer« gegeben hatte, die heute zum Abgleich mit den Impfschäden unbedingt gebraucht werden, wäre ausgeblieben. Man sollte den Mut dieser Menschen nicht kleinreden. Zur Erinnerung noch einmal die allgegenwärtige Drohung in den Massenmedien:

»Klar ist aber, dass die meisten Ungeimpften von heute [August 2021] bis dahin [Frühjahr 2022] entweder geimpft, genesen oder leider verstorben sind […].«[74]

»Klar ist«, dass über 19 Millionen ungeimpfte Bundesbürger heute immer noch leben – und dies oftmals besser als viele Geimpfte, die sich nicht selten mit Nebenwirkungen herumplagen. Trotz unerhörter Todesdrohungen und täglichen Repressalien haben die Ungeimpften bewiesen, dass sie ein Freiheits-Gen in sich tragen, das bezüglich kommender Agenden noch dringend gebraucht wird.

Wer den Aufstieg Gunnars über einen längeren Zeitraum verfolgt hat, wird feststellen, dass es einen Gunnar Kaiser vor der Diagnosestellung Krebs gab und einen danach. Insbesondere nach dem Winter 22/23, als Gunnar sich im Frühjahr 2023 noch einmal leidlich erholte, wird er nie wieder zur alten Form zurückfinden. Die wenigen noch publizierten Videos per Webcam sind entweder zu selbstreferenziell, oder sie drehen sich um seichtere Themen mit eher unbekannten Gästen. Gab es zur Hochzeit des Kanals Zuschauerzahlen um die 100 000 pro Video, erreichen die letzten Beiträge allenfalls noch 10 000 bis 20 000. Gunnars Stern sank, gesundheitlich wie beruflich. Vielleicht bin ich ausgewichen, ihm offen und ehrlich zu sagen, dass er im Begriff war, sein Denkmal vom Sockel zu stoßen. Womöglich wäre es besser gewesen, sich vollends zurückzuziehen, anstatt sich mit letzter Kraft noch ein »Hallo und herzlich willkommen bei *Kaiser TV*!« abzutrotzen – ich weiß es nicht. Der letzte Schlussstein, den ich Gunnar gegönnt hätte, wäre unser letztes gemeinsames Buchprojekt gewesen, für das ich das Konzept geschrieben hatte. Gunnar war über mich in den Europa Verlag gewechselt, und dessen Verleger hatte gleich zwei Buchverträge mit ihm abgeschlossen: *Die Ethik des Impfens*, das sofort realisiert wurde und aus dem Stand zum Bestseller avancierte, sowie *Die Abschaffung des Menschen*, das kurz darauf erscheinen sollte. Dann kam der Winter 2022/2023, und Gunnars Leben hing am seidenen Faden. Der Erscheinungstermin des zweiten Werkes wurde von Quartal zu Quartal verschoben, und im März 2023 zeichnete sich ab, dass Gunnar das Werk allein vermutlich nicht mehr fertigstellen wird. In langen Telefonaten erklärte er mir, dass es zunehmend schwierig für ihn sei, das Teilmanuskript zu vollenden, auch, weil er damit erneut in ebenjene toxischen Themen einsteigen müsse, die ihn so krank gemacht hatten. Ich schlug unserem Verleger meine Co-Autorschaft sowie eine Neukonzeption des Werkes vor, was dieser auch wohlwollend aufnahm. Gunnar sagte ebenfalls zu, und alle Beteiligten waren sich einig, dass das neue Buch zwar den alten Titel behalten könnte, inhaltlich aber auch sehr persönliche Züge tragen würde, da wir den Sterbeprozess Gunnars dokumentieren und begleiten wollten. Geplant waren zwei oder drei persönliche Gespräche, die wir mit einem Digitalrekorder mitschneiden wollten, den ich eigens dafür gekauft hatte. Im April, Mai 2023 ging es Gunnar inzwischen wieder etwas besser, sodass er das verabredete Projekt ein ums andere Mal verschob. Anstatt an seinem letzten Vermächtnis zu arbeiten, ging er auf Reisen, erst in die Schweiz, dann nach Holland und zuletzt in die USA. Der Rest ist bekannt. Nach der USA-Reise verschlechterte sich Gunnars Gesundheitszustand derart, dass auch unser »letztes Projekt« nicht mehr realisiert werden konnte. Tatsächlich habe ich größtes Verständnis für seine finale Ausweichbewegung. Im Grunde wäre es fast übermenschlich gewesen, sich derart öffentlich und bewusst mit dem eigenen Tod auseinanderzusetzen. Außerdem bin ich mir selbst nicht sicher, ob ich überhaupt in der Lage gewesen wäre, diesen Prozess würdig und angemessen zu begleiten – zumal meine eigene Gesundheit ebenfalls angeschlagen war.

STERBEN LERNEN

Gegen Ende seines Lebens zitierte Gunnar des Öfteren Platons Gedanken »Philosophieren heißt sterben lernen«. Nur darum geht es. Alle Fragen, alle Anstrengungen und alle Ängste des Menschen lassen sich auf die Frage nach seinem Tod zurückführen. Der Philosoph Gunnar Kaiser suchte nach einer Antwort für das Mysterium Tod – der Journalist und Videoblogger Gunnar Kaiser trat als großer Mahner vor Freiheitsverlust auf. Zwei unterschiedliche Themen? Mitnichten, denn: Alle Bemühungen, die Urangst vor dem Tod in einer materialistischen Gesellschaft zu befrieden, münden in Unfreiheit. Alle technokratischen Maßnahmen zur Abwehr der propagierten Gefahren (Virus-Tod, Klima-Tod) legen den Menschen in Ketten – immer mit dem Argument, dies diene der Lebenserhaltung. Letztendlich handelt es sich jedoch um Todeskulte, die das natürliche Sterberisiko des Lebens negieren und stattdessen genau das produzieren, was sie abwehren wollen – den Tod. Ebendies passiert Menschen, die von ihrem Schatten nichts wissen – sie bekommen genau das, was sie am wenigsten möchten.

Das geflügelte Wort für diesen Prozess ist »self-fulfilling prophecy«.

Je tiefer man in die großen Agenden der Globalisten einsteigt, desto mehr entlarvt sich eugenisches Gedankengut. Aus der Perspektive der neuen Ersatzreligion leben zu viele Menschen auf dem Planeten und zudem auch nicht die richtigen. Die Menschheit soll mit neuer Biotechnologie und Gentechnik reduziert und optimiert werden. Außerdem suggeriert der Klimakult jungen Menschen ohnehin, dass es für die Welt besser wäre, keine Kinder zu bekommen.

Menschen ohne Gott werden verrückt, stellte der englische Schriftsteller und Philosoph Gilbert Keith Chesterton sinngemäß fest. Dabei halten Materialisten ihre neuen Moralen, die sie mit »wissenschaftlicher Notwendigkeit« begründen, selbstredend für tugendhaft.

> *»Wenn ein religiöses System zertrümmert wird (wie das mit dem in der Reformation geschah), dann führt das nicht nur zu einer Entfesselung der Laster. Keine Frage, dass die Laster entfesselt werden; sie streifen umher und stiften Schaden. Aber auch die Tugenden werden entfesselt, und sie streifen noch haltloser umher und richten noch schrecklicheren Schaden an. Die heutige Welt steckt voll von alten christlichen Tugenden, die durchgedreht sind. Sie sind durchgedreht, weil sie auseinandergerissen wurden und allein umherstreifen. So kümmert sich etwa die Wissenschaft um die Wahrheit; und ihre Wahrheit ist erbarmungslos.«*[75]

Gunnar wird gegen Ende seines Lebens ein immer größerer Kritiker des Materialismus, auch weil er erkennt, dass das Postulat eines kalten und deterministischen Universums dem Menschen zwangsläufig jede Würde raubt. Wer die Aussagen des Atheisten und Vordenkers des »Great Reset« Yuval Noah Harari liest, kann nur entsetzt über die Menschenverachtung dieser Ideologie sein. Tatsächlich wäre Gunnar aber nicht Gunnar, wenn er sich den Grund zum Glauben nicht auch intellektuell erschlossen hätte. Zu gern hätte ich ihn in unserem letzten Projekt noch zu einem Ansatz des logischen Erschließens des Glaubens befragt, der in diese Richtung geht:

> *»Es geht um die Frage, ob das Wirkliche aufgrund von Zufall und Notwendigkeit, also aus dem Vernunftlosen entstanden ist, ob mithin die Vernunft ein auffälliges Nebenprodukt des Unvernünftigen und im Ozean des Unvernünftigen letztlich auch bedeutungslos ist oder ob wahr bleibt, was die Grundüberzeugung des christlichen Glaubens und seiner Philosophie bildet: In principio erat verbum – Am Anfang aller Dinge steht die schöpferische Kraft der Vernunft … Die Vernunft kann gar nicht anders, als auch das Unvernünftige nach ihrem Maß, also vernünftig, zu denken, womit sie implizit doch wieder den eben geleugneten Primat der Vernunft aufrichtet.«*[76]

Persönlich hat mich Gunnars mit Händen zu greifender blinder Fleck erschüttert, den er trotz seiner großen Intellektualität nicht in den Griff bekommen konnte. Obgleich er die Mechanismen des neuen Weltuntergangskultes auf brillante Weise analysiert hat, konnte er auf der persönlichen Ebene nicht zu einer Befriedung seiner verinnerlichten Schuld- und Leistungsgedanken vordringen. Der große Aufklärer konnte seine Selbstinfragestellung nur durch großen Applaus von außen lindern, drohte dieser Zuspruch zu versiegen, verlor er das Gefühl für seinen Wert. Trotz seines späten Bekenntnisses zur Religiosität bleibt die Gewissheit, ein unter allen Umständen geliebtes Menschenkind zu sein, allenfalls eine vage und bange Hoffnung. Gunnar konnte den Schlüssel zu einem lebendigen Leben nicht finden. In Wirklichkeit ist dieser Schlüssel jedoch weder in einen dunklen See gefallen, noch wurde er von einem großen Fisch verschluckt. Der Schlüssel zu einem lebendigen Leben liegt im tiefen Vertrauen darauf, ein von guten Mächten geliebtes und beschütztes Geschöpf zu sein. Trotzdem hat Gunnar zumindest erahnt, wo der Schlüssel des Lebens liegt. Im Interview mit Jens Lehrich verrät er den Ort:

> *»Dieses ›einfach da sein dürfen‹, das bewegt mich jetzt, wo du das sagst. Da hat mir vor Kurzem eine Psychotherapeutin eine Mail geschickt, in der sie davon erzählt hat, dass sich einer ihrer Patienten ein Tier aussuchen musste: ›Welches Tier wärst du gern, wenn du nicht Mensch wärst‹, und sie [die Klientin] sagte, ›ein Eichörnchen‹.*
> *›Warum ein Eichhörnchen?‹*
> *›Ich möchte einfach nur da sein dürfen.‹*
> *Und das hat mich so bewegt, dieses Bild, und dann hat sie am Schluss noch dieses berühmte kleine Gedicht von*

Dietrich Bonhoeffer zitiert ›Von guten Mächten wunderbar geborgen‹, und das geht ja noch weiter, ich kann es leider nicht auswendig. Und da musste ich tatsächlich weinen, beim Lesen dieser Mail, und das passiert mir sonst nicht so oft. Jemand hält dich an der Hand, und das ist eine gute Macht, und die hat gesagt: ›Du darfst hier sein, sonst wärst du nicht hier, und du musst nichts leisten dafür – du darfst einfach hier sein.‹«[77]

»Von guten Mächten treu und still umgeben,
behütet und getröstet wunderbar,
so will ich diese Tage mit euch leben
und mit euch gehen in ein neues Jahr.

Von guten Mächten wunderbar geborgen,
erwarten wir getrost, was kommen mag.
Gott ist mit uns am Abend und am Morgen
und ganz gewiss an jedem neuen Tag.

Noch will das Alte unsre Herzen quälen,
noch drückt uns böser Tage schwere Last,
ach, Herr, gib unsern aufgescheuchten Seelen
das Heil, für das Du uns bereitet hast.

Von guten Mächten wunderbar geborgen,
erwarten wir getrost, was kommen mag.
Gott ist mit uns am Abend und am Morgen
und ganz gewiss an jedem neuen Tag.

Lass warm und still die Kerzen heute flammen,
die Du in unsre Dunkelheit gebracht,
führ, wenn es sein kann, wieder uns zusammen.
Wir wissen es, Dein Licht scheint in der Nacht.

Von guten Mächten wunderbar geborgen,
erwarten wir getrost, was kommen mag.
Gott ist mit uns am Abend und am Morgen
und ganz gewiss an jedem neuen Tag.«[78]

ABSCHIED

Viele Prominente werden von ihren Fans zu einer Art Lichtgestalt erhoben, an der sich auch nicht der kleinste Makel finden darf. Liest man die begeisterten Kommentare unter den Videos von Gunnar Kaiser, kann man sich des Eindrucks nicht erwehren, dass viele Follower zu ähnlichen Projektionen neigen. Sofern man als Chronist nicht dieselbe Überhöhung betreibt und stattdessen auch auf menschliche Eigenschaften des Idols hinweist, läuft man Gefahr, als Nestbeschmutzer oder Miesmacher zu gelten. Nun – Gunnar Kaiser war zweifellos ein normaler Mensch mit allen charakterlichen Schwächen, die zum Menschsein gehören. Gunnar liebte schöne Frauen und Fußball, und manchmal tauchte er tagelang ab, um bis spät in die Nacht *Assassin's Creed*[79] zu zocken. Der vielleicht größte Unterschied zu vielen Zeitgenossen war der, dass er mit einer entwaffnenden Ehrlichkeit um seine Defizite wusste und diese offen bekannte. Was auf den ersten Blick überspannt und narzisstisch wirkt, wird durch einen stets vorhandenen Subtext konterkariert, der die zugrunde liegende Sehnsucht nach

Liebe, Begegnung und Annahme offenbart. Gunnar hat in doppelter Hinsicht Großes geleistet: Zum einen trat er als Aufklärer und unermüdlicher Mahner gegen den Freiheitsverlust unserer ehemals liberalen Gesellschaft auf. Obgleich er es vermutlich selbst nie so ausgedrückt hätte, sehe ich in Gunnar Kaiser durchaus einen Patrioten, der sein Land geliebt hat. Auch weil er wusste, dass er diesem Kulturkreis unendlich viel zu verdanken hatte. Zum anderen machte Gunnar Kaiser sich als Philosoph auf der menschlichen Ebene mit dem Bekenntnis seiner Schwächen so ehrlich wie möglich. Bei diesem in die Öffentlichkeit getragenen Individuationsprozess gilt eine Aussage, die sich ohnehin als roter Faden durch meine Werke zieht:

> *»Der Schlüssel zu sozialem Frieden ist die Entwicklung des Selbst. Und dies geschieht durch den Prozess der Individuation. Dieser auf den ersten Blick so narzisstisch scheinende Prozess ist in Wirklichkeit der Schlüssel zu einer harmonischeren Gesellschaft. Denn ein Mensch, der gelernt hat, seine Projektionen zurückzunehmen und die Verantwortung für sein Glück bei sich selbst und nicht bei anderen zu suchen, ist immer Balsam für das Kollektiv.«*[80]

Es gehört zur Widersprüchlichkeit der menschlichen Existenz, Dinge als richtig und notwendig anzuerkennen und dennoch auf der praktischen Ebene nicht vollends in der Lage zu sein, diese Erkenntnisse umzusetzen. Erkennen, versuchen, scheitern, wieder aufstehen und es nochmals versuchen gehört zum Leben. Nur Krämerseelen mokieren sich darüber, warum das als richtig Erkannte nicht ein für alle Mal umgesetzt wird. Von der Tiefe und Komplexität der menschlichen Seele wurde hier recht wenig verstanden. Auch wenn Gunnar seinen persönlichen Konflikt schlussendlich nicht lösen konnte, so war seine Reflexion und Dokumentation seiner Auseinandersetzung sehr wertvoll.

Das letzte Mal sah ich Gunnar Kaiser auf dem Seminar »Einfach sein« in der Schweiz. Es war am Nachmittag des vorletzten Seminartages, der Historiker Daniele Ganser schickte sich gerade an, die Bühne zu betreten. Das Publikum saß bereits im Raum, Beamer und Scheinwerfer waren eingerichtet, und der Countdown zur Zuschaltung der Live-Kameras lief. Unglücklicherweise musste ich aufbrechen, da ich meinen Zug erreichen wollte. In dieser konzentrierten Situation hatte ich nicht mehr damit gerechnet, dass sich Gunnar noch einmal von mir verabschieden würde. Doch obwohl es nur noch Sekunden bis zu seinem Auftritt waren, kam mein Freund kurz herbeigeeilt, um mich schnell zu umarmen – unsere Blicke trafen sich, und Tränen stiegen auf. Vielleicht haben wir damals intuitiv geahnt, dass dies das letzte Mal gewesen sein könnte, dass wir uns in diesem Leben sehen. Wenige Sekunden später stand Gunnar auf der Bühne, wo er mit einem freundlichen »Hallo und herzlich willkommen bei *Kaiser TV*« den Referenten Daniele Ganser ankündigte. Als ich Wochen später die Aufzeichnung sah, war ich einmal mehr verblüfft: Gunnar hatte sich vor der Kamera absolut in der Gewalt. Es war gänzlich unmöglich, ihm das emotionale Ereignis anzusehen, das sich nur wenige Sekunden zuvor ereignet hatte. Da waren sie wieder, seine Gabe und sein Fluch. 48 Stunden später kommt Gunnar Kaiser ins Krankenhaus, wo er beinahe stirbt.

Sofern ich den Gefühlen der Trauer um meinen Freund noch mehr Raum gegeben hätte, hätte ich dieses Psychogramm nebst gesellschaftlicher Analyse in der Kürze der Zeit nicht schreiben können. Was meine emotionale Seite als Nachruf hätte schreiben wollen, hat eine Wegbegleiterin und Freundin Gunnars auf ihrem Blog veröffentlicht. Mit Lilly Geberts berührendem Abschiedsbrief an Gunnar Kaiser möchte ich dieses Buch schließen:

»Lieber Gunnar,
wie oft muss man sich verabschieden, um den letzten Abschied Abschied sein zu lassen? Wie oft muss man sich sagen, wie gern man sich hat, damit man es endlich weiß? Wie oft muss man in die Akzeptanz gehen, um die Dinge wahrhaft akzeptieren zu können? Du und ich, wir für unseren Teil haben uns zu oft umarmt, uns zu oft verabschiedet, als dass ich hätte glauben können, dass unsere letzte Umarmung auch wirklich die letzte gewesen sein soll.
Jetzt frage auch ich mich: War es am Ende wirklich nicht genug? All die Gespräche – die ersten wie letzten –, die Anekdoten und philosophischen Imposanzien, die Spieleabende, Tänze, Buchempfehlungen, Witze und Lacher, die Freudentränen – wann wären sie ›genug‹ gewesen? Gibt es so etwas überhaupt? Ein ›Genug‹? Und ist das Gefühl, die Dinge nicht bis zum Ende gelebt zu haben, über-

haupt etwas so Schlechtes oder nicht vielmehr eine Ehrerweisung an denjenigen oder dasjenige, von dem man glaubt, Vergleichbares nie wieder erleben werden zu dürfen?

Du, lieber Gunnar, warst einfach immerzu ›da‹, als dass ich mir hätte träumen lassen, du könntest irgendwann einmal nicht mehr ›da‹ sein. Aber genau das bist du jetzt. Nicht mehr ›da‹. Und seitdem diese Nachricht es geschafft hat, vollends zu mir durchzudringen, kommt der Schmerz in Schüben … Der Versuch, mir einzureden, auf genau diesen Moment vorbereitet gewesen zu sein, ist an der Realität meiner Gefühle gescheitert. Und so sollte die Selbsttäuschung, mir weismachen zu wollen, wie unbetroffen ich selbst doch sei, ich, die deinem Tod doch in Frieden und Akzeptanz begegnen wollte, wo ich doch ›weiß‹, dass dieser nicht ›das Ende‹ bedeutet und alles schon seine ›Richtigkeit‹ haben wird, keine 24 Stunden anhalten, bis mir die Trauer um dich vollends den Boden unter den Füßen wegzog. – Eine Trauer, die deinem Tod zwar immer noch ohne großen Widerstand gegenüberzustehen scheint, die aber den Schmerz fühlt. Den Schmerz über die Lücke, die du hinterlässt und die du immer hinterlassen wirst. Es ist der Schmerz über die Unwiederbringlichkeit eines Freundes. Eines wahren Freundes wie eines geliebten Menschen.

Denn genau das warst und wurdest du, lieber Gunnar: geliebt.

Nicht nur hast du Menschen in deinen Bann gezogen, du hast Freundschaften aufkeimen lassen, wo zuvor nichts war als Verlassenheit. Du hast Menschen zusammengebracht, als besäßest du eine innere Landkarte darüber, wer zusammengehört und wessen Einsamkeit sich gegenseitig aufzulösen vermag. Um dich herum passierte alles wie von Zauberhand: Videos, Texte, Bücher, Interviews. Aber eben auch Begegnungen, Momente der Freude und Lebendigkeit. Grundsätzlich hattest du irgendwas an dir, das eine Atmosphäre der Leichtigkeit zu erschaffen wusste, selbst dann, wenn du selbst diese vielleicht gar nicht in dir trugst.

Nicht nur hörtest du jedem, wirklich jedem, bedingungslos zu; du wusstest dein Gegenüber auch auf eine Art emporzuheben, ohne dich zwangsläufig kleiner machen zu müssen. Damit warst du für mich, auch wenn du selbst dies vielleicht nicht immer von dir hast behaupten können, ein wahrer Menschenfreund. Und das im wahren Sinne: Genauso, wie du stets den Einzelnen im Blick hattest, als menschliches Gegenüber wie als Individuum im Abstrakten, ging es dir auch bei all deinen Tiefgängen, Fragen wie Reisen am Ende immer nur um eines: den Menschen.

Wie wollen wir leben? Worin besteht der Schlüssel zu einem gelingenden Leben? Und wie sähe ein menschenwürdiges Leben überhaupt aus? ›Wohlüberlegt leben‹ (Thoreau) – ja, was bedeutet es, wahrhaft lebendig zu sein? Wonach suchen wir überhaupt? Worum geht es uns bei all den Reisen? Den inneren wie äußeren. Fliehen oder suchen wir? Vor uns selbst oder den anderen? Uns selbst oder den einen Menschen, der uns zeigt, wie man ›richtig‹

lebt? Was ist, wenn uns niemand außer uns selbst die Antwort auf die Frage geben kann, wer wir sind? Was ist, wenn die eigentliche Verdammnis darin besteht, uns auf jeder Reise mitzunehmen und uns gleichzeitig immer weiter von uns selbst zu entfernen? Ist jede Reise am Ende nur ein Umweg von dem einzig wichtigen Weg: dem zu uns selbst?

Um Fragen wie diese sondierte dein Denken, vielleicht gerade zuletzt. Die Bahnen wurden enger, die Frage nach dem Sinn und der Bedeutung immer bedränglicher. Doch du scheutest keine Abgründe. Vielleicht, weil du selber um deine wusstest. Vielleicht hast du deshalb auch immer mehr an das Gute in jedem Menschen geglaubt, als auf seine Schattenseiten zu verweisen.

Freunde, intellektuelle Weggefährten, Leidensgenossen im Geiste? Wusste ich zwar selber nie so recht, was ›wir‹ waren; was ich für dich war, geschweige denn, wer du am Ende wirklich warst, hast du mir auch gezeigt, dass es darum am Ende auch gar nicht geht und Überlegungen wie diese zu nichts führen. Ein wahrer Humanist versucht niemanden zu kategorisieren. Er nimmt den Einzelnen so, wie er ist, jetzt, in diesem Moment. Und damit vielleicht auch für immer.

Wenn du ›da‹ warst, lieber Gunnar, warst du immer im Moment. Oder du hast es zumindest versucht. Du wolltest im Moment sein. Um deine Zerrissenheit, deinen inneren Spagat zwischen persönlichem Glück und Verantwortung, Gemeinschaft und Alleinsein, eigenen Ansprüchen und Erwartungen im Außen wussten wir alle. Und es tat uns

leid für dich. Dass du manchmal einfach nicht im Moment sein konntest.
Vielleicht warst du zu sehr Mensch, um an und in dieser Welt nicht zu verzweifeln. Ich meine, wie kann ein Mensch, der so viel denkt wie du, auch nicht? Eine Mischung aus Begeisterung und Verzweiflung – mit deiner Art, deine Gedanken mitzuteilen, hast du in vielen Menschen etwas entfacht, das bis heute anhält. Auch in mir: eine Art Leidenschaft dafür, die Dinge in ihrer Tiefe verstehen zu wollen und den Kern ihres Leidens nach außen zu verkehren – ihn verstehbar zu machen. Dies und – nicht zu vergessen – den Mut, für meine Freiheit und die Freiheit anderer einzustehen. Dafür und für so vieles mehr bin ich dir so dankbar, lieber Gunnar. Und ich wünsche mir für dich, dass du loslassen kannst, da, wo du jetzt bist. Dass vieles auf einmal Sinn ergibt und du Frieden schließen kannst mit der Welt, so wie sie sich entschieden hat, ihren Weg zu gehen. Ich hoffe, da, wo du jetzt bist, gibt es die Leichtigkeit und die Liebe, von deren Bedingungslosigkeit wir die letzten drei Jahre so viel geredet haben.
Auf dich. Und die Freiheit.«[81]

PUBLIKATIONEN

Andrick, Michael: *Erfolgsleere. Philosophie für die Arbeitswelt.* Herder, 2022

Arvay, Clemens G.: *Wir können es besser. Wie Umweltzerstörung die Corona-Pandemie auslöste und warum ökologische Medizin unsere Rettung ist.* Quadriga, 2020

Arvay, Clemens G.: *Corona-Impfstoffe: Rettung oder Risiko? Wirkungsweisen, Schutz und Nebenwirkungen der Hoffnungsträger.* Quadriga, 2021

Bahner, Beate: *Corona-Impfung. Was Ärzte und Patienten unbedingt wissen sollten.* Rubikon, 2021

Bhakdi, Sucharit: Corona Fehlalarm? Zahlen, Daten und Hintergründe. Zwischen Panikmache und Wissenschaft. Goldegg, 2020

Bhakdi, Sucharit: *Corona unmasked. Neue Daten, Zahlen, Hintergründe.* Goldegg, 2021

Böttcher, Sven: *Wer, wenn nicht Bill? Anleitung für unser Endspiel um die Zukunft*. Rubikon, 2021

Christ, Alexander: *Corona-Staat. Wo Recht zu Unrecht wird, wird Menschlichkeit zur Pflicht.* Rubikon, 2022

Desmet, Mattias: *Die Psychologie des Totalitarismus.* Europa Verlag, 2023

Drewermann, Eugen: *Heilende Religion. Überwindung der Angst.* Herder Verlag, 2006

Fischer Rodrian, Jens: *Die Armada der Irren. Künstlerischer Widerstand in pandemischer Zeit.* Rubikon, 2022

Frank, Gunter: *Das Staatsverbrechen. Warum die Corona-Krise erst dann endet, wenn die Verantwortlichen vor Gericht stehen.* Achgut Edition, 2023

Frank, Gunter: *Der Staatsvirus. Ein Arzt erklärt, wie die Vernunft im Lockdown starb.* Achgut Edition, 2021

Kaiser, Gunnar: *Die Ethik des Impfens. Über die Wiedergewinnung der Mündigkeit,* Europa Verlag, 2022

Kaiser, Gunnar: *Der Kult. Über die Viralität des Bösen.* Rubikon, 2022

Klöckner, Marcus, Wernicke, Jens: *»Möge die gesamte Republik mit dem Finger auf sie zeigen.« Das Corona-Unrecht und seine Täter.* Rubikon, 2022

Lausen, Tom, van Rossum, Walter: *Die Intensiv-Mafia. Von den Hirten der Pandemie und ihren Profiten.* Rubikon, 2022

Lütge, Christoph, Esfeld, Michael: *Und die Freiheit? Wie die Corona-Politik und der Missbrauch der Wissenschaft unsere offene Gesellschaft bedrohen*. riva, 2021

Maaz, Hans-Joachim, Czycholl, Dietmar: *Corona Angst. Was mit unserer Psyche geschieht*. Frank & Timme, 2020

Meyen, Michael: *Die Propaganda-Matrix. Der Kampf für freie Medien entscheidet über unsere Zukunft*. Rubikon, 2021

Muhm, Miryam: *Die Wahrheit über Covid-19. Licht ins Dickicht der Halbwahrheiten und wie Sie sich vor dem Virus schützen*. Europa Verlag, 2020

Müller-Ullrich, Burkhard: Ich habe mitgemacht. Das Archiv des Corona-Unrechts. Kontrafunk New Edition, 2023

Nehls, Michael: *Das indoktrinierte Gehirn. Wie wir den globalen Angriff auf unsere mentale Freiheit erfolgreich abwehren*. Mental Enterprises, 2023

Osrainik, Flo: *Das Corona-Dossier. Unter falscher Flagge gegen Freiheit, Menschenrechte und Demokratie*. Rubikon, 2021

Pürner, Friedrich: *Diagnose Pan(ik)demie. Das kranke Gesundheitssystem*. Langen-Müller, 2021

Röhrig, Brigitte: *Die Corona-Verschwörung. Wie Milliardäre, Politiker und Staatsdiener wissentlich und willentlich Freiheit und Gesundheit ausradierten*. Rubikon, 2023

Schreyer, Paul: *Chronik einer angekündigten Krise. Wie ein Virus die Welt verändern konnte.* Westend Verlag, 2020

Sönnichsen, Andreas: *Die Angst- und Lügenpandemie. Ein Beitrag zur Aufarbeitung der Coronakrise.* BoD, 2023

Tögel, Jonas: *Kognitive Kriegsführung. Neueste Manipulationstechniken als Waffengattung der NATO.* Westend Verlag, 2023

Unger, Raymond: *Die Heldenreise des Bürgers. Vom Untertan zum Souverän.* Europa Verlag, 2023

Unger, Raymond: *Das Impfbuch. Über Risiken und Nebenwirkungen einer COVID-19-Impfung.* Scorpio Verlag, 2021

Unger, Raymond: *Vom Verlust der Freiheit. Klimakrise, Migrationskrise, Coronakrise.* Europa Verlag, 2021

Unger, Raymond: *Die Wiedergutmacher. Das Nachkriegstrauma und die Flüchtlingsdebatte.* Europa Verlag, 2018

Wodarg, Wolfgang: *Falsche Pandemien. Argumente gegen die Herrschaft der Angst.* Rubikon, 2021

Van Rossum, Walter: *Meine Pandemie mit Professor Drosten. Vom Tod der Aufklärung unter Laborbedingungen.* Rubikon, 2021

ZUM AUTOR

© privat

Raymond Unger lebt als Autor und bildender Künstler in Berlin. Er ist als Kunstmaler im eigenen Atelier tätig, schreibt Essays und Bücher und hält Vorträge zu den Themen Kunst, Psychologie und Politik. Als Freund und Wegbegleiter von Gunnar Kaiser war der Autor Gast in fünf Videoproduktionen von *Kaiser TV*.

Ein Kernthema in Ungers Arbeit ist die transgenerationale Traumaweitergabe kriegsbelasteter Kindheiten. In seiner Trilogie des Europa Verlages, *Die Wiedergutmacher* (2018), *Vom Verlust der Freiheit* (2021) und *Die Heldenreise des Bürgers* (2023) beschäftigt sich Unger mit der Sonderrolle Deutschlands in der Migrations-, Klima-, Pandemie- und Ukraine-Problematik. Als ehemaliger Therapeut leitete Unger bis Ende der 1990er-Jahre eine Naturheil- und Psychotherapiepraxis in Hamburg und bekleidete eine Dozentur für Naturmedizin an einer Hamburger Fachschule für Heilpraktiker.

Für sein bildnerisches Schaffen erhielt Raymond Unger 2011 den internationalen Lucas-Cranach-Kunstpreis für Malerei. In seiner Eigenschaft als Maler und Autor bekam er 2014 eine Einladung des Präsidenten der Europäischen Kommission José Manuel Barroso zur dritten Generalversammlung NEW (Narrative for Europe). Raymond Unger ist mit seinen Werken in Privatsammlungen im In- und Ausland vertreten.

ANMERKUNGEN

1 YouTube, »Die große Verarschung«, Gunnar Kaiser, 08.06.2020
2 YouTube, »Meine Grenze ist erreicht«, Gunnar Kaiser, 16.12.2021
3 Welt, »Nachruf auf den Helden einer Gegenwelt«, 24.10.2023
4 NZZ, »›Das Impferium schlägt zurück‹? Wie Gunnar Kaiser als Philosoph auf Abwege geraten ist«, Martin Rhonheimer, 17.12.2021
5 Kollektiver Prozess eines gleichgeschalteten, kritiklosen Gruppendenkens
6 YouTube, »Wonach suchst du überhaupt?«, Gunnar Kaiser, 04.07.2023
7 Tagesschau, Olaf Scholz, »Wir müssen schneller abschieben«, 20.10.2023
8 Süddeutsche Zeitung, Robert Habeck, »Habecks Rede zur Situation in Israel im Wortlaut«, 02.11.2023
9 NZZ, »Es gärt an vielen Stellen: ein Streitgespräch über die Grenzen des Liberalismus«, Alexander Kissler, 23.12.2020
10 Heute Kayvan Soufi-Siavash
11 FAZ, »Außer Kontrolle«, Simon Wain Hobson, 23.10.2021
12 NZZ, »Ursprung der Pandemie: »Der Begriff ›Verschwörungstheorie‹ wurde nicht von den Medien in die Welt gesetzt, sondern von Wissenschaftlern – sie führten die ganze Welt in die Irre«, Marcel Gyr, 03.02.2022
13 »Die Corona-Verschwörung. Wie Milliardäre, Politiker und Staatsdiener wissentlich und willentlich Freiheit und Gesundheit ausradierten«, Brigitte Röhrig, Rubikon 2023
14 www.rubikon.news/artikel/das-herbeigetestete-problem
15 The New York Times, »Your Coronavirus Test Is Positive. Maybe It Shouldn't Be.«, Apoorva Mandavilli, 29.10.2020
16 Cicero, »Spikeopathie und Übersterblichkeit: Ein unheimlicher Verdacht«, Prof. Dr. rer. nat. Brigitte König, Prof. Dr. med. Paul Cullen, 07.10.2023
17 Akronym für Alphabet (Google), Amazon, Meta (Facebook), Apple und Microsoft

18 Raymond Unger, »Die Heldenreise des Bürgers«, Europa Verlag 2023
19 »The pandemic represents a rare but narrow window of opportunity to reflect, reimagine, and reset our world« – Professor Klaus Schwab, Founder and Executive Chairman, World Economic Forum
20 Ehemaliger Staatssekretär im Bundesministerium für Wirtschaft und Klimaschutz
21 YouTube, Friedrich A. von Hayek-Gesellschaft, FORUM FREIHEIT 2023, »Ungesund: Der Einzelne, der Staat und die WHO«, Beitrag Roland Tichy, 05.11.2023
22 commission.europa.eu, »Digitale Identität für alle Europäer/innen. Eine persönliche digitale Brieftasche für alle Menschen in der EU«, Ursula von der Leyen
23 »Vom Verlust der Freiheit«, Raymond Unger, Europa Verlag 2021
24 idw-europe.org, »Appell für freie Debattenräume«, Gunnar Kaiser, Milosz Matuschek
25 Twitter.com, Tweet von Tom Hansen, 24.10.2023
26 YouTube, Friedrich A. von Hayek-Gesellschaft, FORUM FREIHEIT 2023, »Ungesund: Der Einzelne, der Staat und die WHO«, 05.11.2023
27 YouTube, »Corona-Symposium: Vortrag von Prof. Dr. Stefan Homburg – AfD-Fraktion im Bundestag«, 16.11.2023
28 tkp.at, »Brief der europäischen Zulassungsbehörde EMA entzieht jeglicher Corona-Impfpflicht die Grundlage«, Dr. Peter F. Mayer, 22.11.2023
29 freischwebende-intelligenz.org, »Das preiswürdige Ende des größten Scams der Geschichte«, Milosz Matuschek, 25.11.2023
30 Auswertung der Studie: »War Room/DailyClout Pfizer Documents Analysis Volunteers«, Investigation Team, Amy Kelly (Autor), DailyClout LLC (Herausgeber), Kindle, 2023
31 Siehe dazu: »Das Impfbuch« (dritte Auflage), Raymond Unger, Scorpio Verlag 2021
32 Multipolar, »Diesen Stein will keiner ins Rollen bringen«, Paul Schreyer, 08.11.2023
33 www.bmj.com, »Covid-19: Researchers face wait for patient level data from Pfizer and Moderna vaccine trials«, Josh Guetzkow, Retsef Levi, 13.05.2023
34 Gunnar Kaiser, »Der Kult«, Rubikon 2022
35 Siehe dazu: »Die Psychologie des Totalitarismus«, Mattias Desmet, Europa Verlag 2023

36 Dokumentiert in: »Ich habe mitgemacht. Das Archiv des Corona-Unrechts«, Burkhard Müller-Ullrich, Kontrafunk New Edition, 2023
37 Das Psychogramm dieses Politikertypus ist beschrieben in: »Die Wiedergutmacher«, Europa Verlag 2018 und »Vom Verlust der Freiheit«, Europa Verlag 2021
38 »Die Wiedergutmacher«, Raymond Unger, Europa Verlag 2018
39 »Die Heldenreise des Bürgers«, Raymond Unger, Europa Verlag 2023
40 Tagesspiegel, »Keine mildernden Umstände? Wie die etablierten Parteien für die AfD Stimmung machen«, Ariane Bemmer, 25.08.2023
41 Berliner Zeitung, »›Gefallene Engel aus der Hölle‹ – Wer bringt dem Kanzler Manieren bei?«, Ruth Schneeberger, 21.08.2023
42 Bild, »Habeck hat ›null Bedauern, gar nichts‹«, 10.08.2023
43 YouTube, Kanal »Funk«, »Robert Habeck (Die Grünen) im Kreuzverhör 2022«, 15.09.2022
44 YouTube, »Meine Grenze ist erreicht!«, Gunnar Kaiser, 16.12.2021. Anmerkung: Das Transkript der freien Rede wurde zugunsten der besseren Lesbarkeit behutsam redaktionell überarbeitet.
45 The Epoch Times, »Gunnar Kaiser: Krebs als Chance zur Selbsterkenntnis«, 29.11.2022
46 YouTube, »Ralf Ludwig auf der Zukunftskonferenz für Thüringen, Bündnis für Thüringen«, 25.10.2023
47 Gunnar Kaiser, Der Kult, Rubikon 2022
48 Freischwebende Intelligenz, »Massenwahn und Methode: Wir müssen die Versklavungsmechanismen der Moderne durchbrechen«, Milosz Matuschek, 21.10.2023
49 »Die Psychologie des Totalitarismus«, Mattias Demet, Europa Verlag 2023
50 »Orthodoxie: Eine Handreichung für die Ungläubigen«, Vorwort von Martin Mosebach, fe verlag 2015
51 »Heilende Religion: Überwindung der Angst«, Eugen Drewermann, Herder Verlag 2006
52 »Heilende Religion: Überwindung der Angst«, Eugen Drewermann, Herder Verlag 2006
53 »Heilende Religion: Überwindung der Angst«, Eugen Drewermann, Herder Verlag 2006
54 Manova Magazin, »Generation Schuldgefühl – In einem Vortrag erklärt der Künstler und Buchautor Raymond Unger, wie eingebildete

Handlungsoptionen in der Klimafrage zu Hypermoralismus führen«, Roland Rottenfußer, 28.10.2023

55 NZZ, »›Es geht hier ums Überleben – auch in der Schweiz und in Deutschland‹, sagt Ulrike Herrmann. Sie will die Klima-Katastrophe mit Kriegswirtschaft verhindern«, Melchior Poppe, 12.06.2023

56 »Vom Verlust der Freiheit«, Raymond Unger, Europa Verlag 2021

57 Gunnar Kaiser, Der Kult, Rubikon 2022

58 Twitter, Georg Restle, 27.10.2020

59 »Die Heldenreise des Bürgers«, Raymond Unger, Europa Verlag 2023

60 YouTube, »Krebs als Weckruf – Im Gespräch mit Jens Lehrich«, 31.03.2022

61 »Chemotherapie heilt Krebs und die Erde ist eine Scheibe: Enzyklopädie der unkonventionellen Krebstherapien«, Lothar Hirneise, Sensei 2010

62 YouTube, »Krebs als Weckruf – Im Gespräch mit Jens Lehrich«, 31.03.2022

63 The Epoch Times, »Gunnar Kaiser: Krebs als Chance zur Selbsterkenntnis«, 29.11.2022

64 The Epoch Times, »Gunnar Kaiser: Krebs als Chance zur Selbsterkenntnis«, 29.11.2022

65 thomascrew.substack.com, »In Memory of the Conscience of a Nation«, Thomas Crew, 17.11.2023

66 »Orthodoxie: Eine Handreichung für die Ungläubigen«, Vorwort von Martin Mosebach, fe-verlag, 2015

67 Die Mächte, mit denen Sie es zu tun haben, sind sehr mächtig und böse.

68 YouTube, »Habe ich genug getan?«, Gunnar Kaiser, 23.03.2023. Anmerkung: Das Transkript der freien Rede wurde zugunsten der besseren Lesbarkeit behutsam redaktionell überarbeitet.

69 Facebook Kommentar, Henryk R. Chruściel, 04.11.2023

70 YouTube, »Der Tod und das Geheimnis der Liebe«, Dr. Johannes Hartl, April 2023. Das Transkript der freien Rede wurde zugunsten der besseren Lesbarkeit behutsam redaktionell überarbeitet.

71 YouTube, Gunnar Kaiser, »Sprung ins Ungewisse«, 28.11.2022

72 YouTube, »Zwischen Leben und Tod – eine Geschichte aus einer anderen Welt, die mir das Herz zerreißt«, Boris Reitschuster, 27.10.2023

73 Gelassenheitsgebet, zugeschrieben dem US-amerikanischen Theologen Reinhold Niebuhr (Wikipedia)

74 Stern, »Lauterbach: Ungeimpfte bis März ›geimpft, genesen oder leider verstorben‹«, 29.10.2021
75 »Orthodoxie: Eine Handreichung für die Ungläubigen«, Gilbert Keith Chesterton, fe verlag 2015
76 Joseph Alois Ratzinger, später Papst Benedikt XVI, zitiert aus: »Orthodoxie: Eine Handreichung für die Ungläubigen«, Gilbert Keith Chesterton, fe verlag 2015
77 YouTube, »Krebs als Weckruf – Im Gespräch mit Jens Lehrich«, 31.03.2022
78 Dietrich Bonhoeffer, »Von guten Mächten«. Aus einem Brief an Maria von Wedemeyer aus dem Kellergefängnis des Reichssicherheitshauptamts in Berlin, 19.12.1944
79 Epochales Computer-Adventure von Ubisoft
80 »Die Heldenreise des Künstlers: Kunst als Abenteuer der Selbstbegegnung«, Raymond Unger, Monsenstein und Vannerdat, Münster 2013
81 lillygebert.substack.com, »Der letzte Abschied - Ankommen im Nicht-Ankommen«, Lilly Gebert, 29.10.2023

Der Umwelt zuliebe

- produzieren wir zu über 90 % in Deutschland
- achten wir auf kurze Transportwege
- drucken wir auf Papier aus verantwortungsvollen Quellen

ein Imprint der Europa Verlage GmbH, München
Umschlaggestaltung:
Hauptmann & Kompanie Werbeagentur, Zürich
Lektorat: Silwen Randebrock, Berlin
Layout & Satz: Robert Gigler, München
Druck & Bindung: Pustet, Regensburg
ISBN 978-3-95890-623-5